U0515487

福建省社会科学基金青年项目(项目编号：FJ2020C016)

福建省创新战略计划项目（项目编号：2020R0118）

龙岩学院博士科研启动项目（项目编号：LB2020003）

庄彩云◎著

互联网背景下企业知识创造及其绩效研究

HULIANWANG BEIJINGXIA
QIYE ZHISHI CHUANGZAO JIQI JIXIAO YANJIU

中国财经出版传媒集团

经济科学出版社

Economic Science Press

图书在版编目（CIP）数据

互联网背景下企业知识创造及其绩效研究/庄彩云著 . -- 北京：经济科学出版社，2023.4

ISBN 978 - 7 - 5218 - 4702 - 4

Ⅰ.①互…　Ⅱ.①庄…　Ⅲ.①企业管理－知识管理－研究　②企业绩效－企业管理－研究　Ⅳ.①F272

中国国家版本馆 CIP 数据核字（2023）第 067184 号

责任编辑：杜　鹏　刘　悦
责任校对：王京宁
责任印制：邱　天

互联网背景下企业知识创造及其绩效研究
庄彩云　著
经济科学出版社出版、发行　新华书店经销
社址：北京市海淀区阜成路甲 28 号　邮编：100142
编辑部电话：010-88191441　发行部电话：010-88191522
网址：www. esp. com. cn
电子邮箱：esp_bj@ 163. com
天猫网店：经济科学出版社旗舰店
网址：http://jjkxcbs. tmall. com
固安华明印业有限公司印装
710×1000　16 开　11.75 印张　200000 字
2023 年 5 月第 1 版　2023 年 5 月第 1 次印刷
ISBN 978 - 7 - 5218 - 4702 - 4　定价：69.00 元
（图书出现印装问题，本社负责调换。电话：010 - 88191545）
（版权所有　侵权必究　打击盗版　举报热线：010 - 88191661
QQ：2242791300　营销中心电话：010 - 88191537
电子邮箱：dbts@esp. com. cn）

前　言

　　本书是福建省社会科学基金青年项目（项目编号：FJ2020C016）、福建省创新战略计划项目（项目编号：2020R0118）以及龙岩学院博士科研启动项目（项目编号：LB2020003）的主要研究成果。笔者近年来一直关注互联网背景下企业的知识创造问题，并形成了一系列研究成果，本书是笔者在对这些研究成果整理的基础上写成的。

　　信息技术与互联网的加速发展打破了企业传统的经营模式与创新方式。嵌入这样的环境中，企业的决策过程需要动态性的战略与互联网的思维来指导。这要求企业适应以"时基竞争"为特征的动荡环境，拓宽企业的知识视野，并在知识创造的基础上将其转化为满足市场需求的产品和服务，提升知识的创造效率，实现知识创造绩效以利于企业建立先发优势。然而，互联网背景下企业需要怎样的内在资源和能力才能推动知识创造及其进一步的绩效实现尚不明确。随着我国"互联网＋"行动计划的不断推进，企业应当如何抓住机遇培养互联网资源和提升互联网运用能力？互联网资源与企业互联网运用能力在企业从知识创造到其绩效转化过程的每个阶段又有怎样的作用机理？对这些问题的探讨目前还较为缺乏。

　　互联网在我国发展的20余年，其内涵不断丰富，外延不断拓展，已成为组织的战略性资源，在组织技术创新中的地位日渐凸显，其使个人、团队和组织层面的知识管理均获得了深度进展。互联网技术加速了组织知识获取、转移和使用的流程，使组织更有效地将知识运用到研究开发、市场开拓、服务创新与决策制定当中，是推动知识管理的有力工具。如果互联网、信息技术和组织知识管理建设不能与流程和战略相结合，那么单纯的互联网、信息技术就容易成为竞争对手模仿的要素，而企业知识管理也难以达到预期效果，这将导致互联网与知识管理给组织带来的竞争优势逐渐流失。因此，如何把组织在互联网资源的投资和能力的构建转换为竞争对手难以模仿的要素，并将其与组织内部能力相结合，推动组织知识创造及其绩效实现是本书研究关注的核心问题。

基于以上考虑，本书以"互联网背景下企业知识创造及其绩效研究"为题展开研究，主要研究内容包括：互联网背景下企业间协同知识创造的演化博弈研究；互联网背景下企业知识创造的特征、驱动因素以及互联网对企业知识创造过程的影响机制分析；互联网资源影响企业知识创造研究；互联网整合能力驱动企业知识生成研究；互联网应用能力对企业知识创造绩效影响研究；互联网能力与知识能力的交互效应对知识创造绩效的传导机制研究。其目的在于：了解互联网环境下企业间协同知识创造的博弈情况，探讨互联网资源、能力在网络化环境下对企业知识创造及其绩效实现的使能与推动作用，分析与提炼互联网背景下企业知识创造的特征与驱动要素，构建互联网资源、能力在企业知识创造价值链不同阶段所起作用的理论模型，并通过实证研究的方法进行验证，提出互联网背景下企业提升知识创造能力与绩效的政策和策略取向。

在本书的写作过程中，笔者查阅了大量文献，也引用了不少资料，本书的研究成果是在前人的研究基础上和许多专家学者的帮助下完成的，在此谨向他们表示诚挚的谢意。由于本书引文和参考文献较多，标注时难免疏漏，故在此致以诚挚谢意的同时，也向在标注中被疏漏的引文或参考文献的作者表示深深的歉意。这里，我要感谢我的恩师陈国宏教授，他严谨勤奋的治学态度，前沿而精髓的学术理念，敏锐的学术洞察力，渊博的学识与"仰之弥高，钻之弥坚"的学术造诣，都深刻地影响着我的科研之路。我还要感谢诸位教授对本书写作的悉心指导，感谢张岐山教授、周小亮教授、叶阿忠教授、徐学荣教授、王应明教授、高明教授、郭其友教授以及孙秋碧教授提出的宝贵建议。

人类对社会现象和自然现象的认识是无法穷尽的，企业知识创造作为一种经济现象，人们对它的探索也永无止境。如果本书的出版对促进知识创造理论和实践的发展能有所裨益，也只是抛砖引玉。衷心地期盼有关专家、同行及广大读者对本书给予建议、批评和指正！

庄彩云

2022 年 10 月

目　录

第 1 章　绪论

随着我国互联网行动计划的实施以及中共中央对创新引领这一战略导向的推进，我国企业已成为互联网行动计划与创新引领发展战略的坚定执行者。互联网环境下企业的创新问题已成为当前研究的重心，这也构成了本书研究的现实基础与理论背景。随着知识经济时代的到来，知识资源已经成为企业获取竞争优势的关键性资源。企业创新的本质在于新知识的创造、生成与应用。由于受我国传统封闭式创新的影响，我国企业在创新过程中往往呈现出知识传递缓慢、知识利用率较低、企业创新合作中缺乏有效的对接沟通机制，创新知识资源较为分散，缺乏良好的整合互动效应，单个企业创新知识资源有限，难以满足知识创造活动的需要等问题。致使我国企业普遍存在创新能力不足、知识创造效果不理想、科研成果转化率低下等现象。因此，本书试图吸收和融合资源基础观、知识创造理论、组织学习理论、动态能力理论与权变理论等相关理论，并结合实践全面探讨互联网环境下企业的知识创造及其绩效实现问题。本章的主要任务是介绍本书的研究背景、研究意义，以及研究思路、研究内容、技术路线，并对创新点进行说明。

1.1　研究背景

1.1.1　选题背景

（1）互联网是企业发展与国家创新战略的重要实践因素。随着互联网与信息技术的高速发展，互联网对国家经济、企业经营以及个人生活方式已产生重大的影响。因此，近年来"互联网在实体经济中的应用"这一课题受到学术界和企业界的广泛关注，并随后催生了"互联网＋"的行动理念（赵振，2015）。2015 年 3 月 5 日，李克强在第十二届全国人民代表大会第三次会议上做的《政府工作报告》中提出了"互联网＋"行动计划①，意在强调实体经济中的各类企业通过互联网的强大力量提升传统企业落后的管理、效率、创新等能力，从而提高企业的竞争力（王重鸣和吴挺，2016）。这一计划的提出，引起学术界和实践界对"互联网＋"的高度关注，并将其视为推动我国经济发展的重大力量。随后，国务院印发的《国务院关于积极推进"互联网＋"行动的指导意见》进一步提出，以促进创业创新为重点，充分发挥互联网的创新驱动作用，大力发展开放式创新、众创空间等，积极引导和推动全社会大众创业和万众创新，"互联网＋"的目标是：2018 年，互联网支撑大众创业、万众创新的作用进一步增强，互联网与经济社会各领域的融合发展进一步深化，到 2025 年，"互联网＋"成为社会经济创新发展的强劲引擎和重要驱动力量（韩先锋，2018）。党的十八届五中全会首次提出"创新、协调、绿色、开放、共享"的新发展理念，明确指出要实施网络强国战略，实施互联网行动计划，积极制定和实施国家大数据战略，为深入实施创新驱动发展战略奠定基础，发挥科技创新在全面创新中的引领作用（赵树良，2016）。可见，互联网已成为不可阻挡的时代潮流，其对经济增长和创新的影响已受到来自国家战略层面的重视。互联网已成为影响企业发展和国家创新战略的重要实践因素，需要学者进一步关注其潜在价值。

（2）知识创造及其绩效实现是企业发展的重要命题。随着知识经济时代的到来，知识已成为企业的战略性资产（Drucker，1992），是企业实现创新与保持竞争力的必然选择。而知识创造作为企业创新实现的原动力，已成为企业在竞争中制胜的利器（张军等，2016）。与此同时，对于知识的管理，往往以对知识的有效开发与利用为目标，力求实现知识价值与最终获益的最大化。作为一种知识管理实践活动，知识的流动、创造与应用能够有效推动企业的技术创新活动，使企业在动荡的环境中运作得更加智能化。但具体应如何推动企业知识创造及其绩效实现活动，最大化知识收益，驱动企业的创新活动以保持竞争优势，一直是学术界与实践界不断热议的话题。互联网的飞速发展是解决这一难题的突破口和决定企业创新成败的关键因素（Zhuang et al.，2018）。

目前，我国经济发展已经进入新常态，而已有研究表明，我国企业存在

---

① 2015 年 3 月 5 日，李克强代表国务院在第十二届全国人民代表大会第三次会议上做的《政府工作报告》中提出，"制定'互联网＋'行动计划，推动移动互联网、云计算、大数据、物联网等与现代制造业结合，促进电子商务、工业互联网和互联网金融健康发展，引导互联网企业拓展国际市场。"

创新能力不足，知识创造效果不达预期，科研成果转化率偏低等现象（何田和胡笑寒，2018）。我国企业在创新过程中往往表现出内部知识传递和流动速度较为缓慢，从而导致企业知识利用率不高及创新能力不足的劣势，致使我国企业在科技研发上难以取得长足的进步。同时，由于受我国传统封闭式创新的影响，不同创新主体间由于利益纷争，相互间的技术壁垒，缺乏研发合作以及有效的对接沟通机制，导致科研成果转化率偏低。而研发与创新资源的分散使创新资源缺乏良好的整合互动效应，从而在一些关键技术与重要领域难以取得突破（赵振，2015）。并且在当前创新环境复杂的情况下，单一组织由于自身知识资源有限，难以独立完成知识创造，而合作知识创造由于存在信息不对称、缺乏信任等问题矛盾重重（梁娟等，2014）。互联网的快速发展为企业克服这些障碍，改善组织知识创造效率与效果提供了新思路。因此，如今研究互联网背景下企业如何提升其知识创造与绩效转化已成为焦点问题。

（3）组织知识管理是与互联网密切相关的主题。组织知识管理是一个与互联网密切相关的主题（毛弘毅，2015）。互联网与信息技术的快速发展，使个人、团队和组织层面的知识管理均获得了极大的深入。互联网技术加速了组织知识获取、转移和使用的流程，使组织更有效地将知识运用到研究开发、市场开拓、服务创新与决策制定当中，是推动知识管理的有力工具。信息系统领域的学者研究指出，组织的知识管理能力可从信息技术的具体应用中（Tanriverdi，2005），尤其是知识管理系统中受益（Alavi and Leidner，2001）。云计算与在线社交网络是常用的协助组织知识管理的工具（Sultan，2013）。此外，在互联网上，借助各种网络平台，信息与知识能够以低成本、迅速快捷的方式，实时地产生、分享与交流，创新个体的想法、成果容易被相互启发和激励，创新行为也存在明显的正外部性（杨德明和刘泳文，2018）。可见，互联网对企业知识管理的影响研究已受到较多的关注，但是互联网的不同侧重面对企业知识创造过程的系统研究还较为缺乏。

随着互联网在我国发展的 20 余年，其内涵不断丰富，外延不断拓展，已成为组织的战略性资源，在组织技术创新中的地位日渐凸显（尹士等，2018），为企业的知识创造及其绩效转化带来了机遇。但是如果互联网、信息技术和组织知识管理建设不能与流程和战略相结合，那么单纯的互联网、信息技术就容易成为竞争对手模仿的要素，而企业知识管理也难以达到预期效果，这将导致互联网与知识管理给组织带来的竞争优势逐渐流失。因此，如何把组织在互联网资源的投资和能力的构建转换为竞争对手难以模仿的要素，并将其与组织内部能力相结合，推动组织知识创造及其绩效实现是本书研究关注的核心问题。

1.1.2 问题的提出

在当前国家大力推进"互联网＋"战略与全面创新改革的政策背景下，在新常态下我国企业创新能力不足的现实困境面前，如何更好地利用互联网进一步提升企业知识创造效率与效果，有效实现互联网与企业创新能力的深度融合，发挥"合力"效应，将成为亟待解决的现实问题。

基于以上思考，本书首先探讨互联网环境下企业间协同知识创造的演化博弈情况，考虑政府补贴制度和互联网下"声誉惩罚机制"的演化博弈过程。其次借鉴创新价值链理论，将企业知识创造价值链划分为知识创造、知识生成、绩效产出三个阶段，分别探讨互联网资源、能力在企业知识创造价值链不同阶段的作用，并考虑组织内外部权变因素在其中的影响作用。本书试图通过回答以下六个研究问题，分析如何利用互联网资源与能力增强企业知识创造及其绩效实现。

（1）企业知识创造投入产出比对企业间协同知识创造投入决策的影响如何？政府补贴制度和互联网背景下的"声誉惩罚机制"如何影响博弈过程？

（2）互联网背景下，企业知识创造具有哪些特征，驱动力为何，互联网如何影响企业知识创造过程？

（3）考虑环境动态性下，不同类型互联网资源如何分别作用于组织内部知识创造与外部知识获取？

（4）组织学习视角下，互联网整合能力通过什么样的路径影响企业知识生成？

（5）在权变环境下，不同类型互联网应用能力提升组织知识创造绩效的路径与触发机制如何？

（6）动态能力理论下，互联网能力、知识能力这两种企业内部因素的交互作用如何影响企业的知识创造绩效？

1.2 研究意义

本书在综合分析国内外互联网资源与能力、知识创造领域研究的基础上，首先探讨互联网环境下企业间协同知识创造的演化博弈；其次借鉴创新价值链理论，将知识创造及其绩效实现过程划分为知识创造、知识生成和绩效产出三个阶段，考察不同类型互联网资源与互联网能力对知识创造价值链不同阶段的影响机理，提出发展与构建知识创造的研究模型，并兼顾分析了组织内外部的权变因素。本书研究采取了定性研究与定量研究相结合的方式，首先从理论层面探讨互联网环境下企业间协同知识创造的演化博弈，并分析了互联网环境下企业知识创造特征、驱动因素、互联网对企业知识创造过程的影响机制；其次从实践层面验证了三种类型互联网资源与组织内部知识创造和外部知识获取的关系，互联网整合能力与企业知识生成的关系，互联网应用能力与企业知识创造绩效的关系。本书的数据来源于中国 399 家企业的调研数据。基于对所收集数据的分析，本书分析了互联网资源与能力分别在组织知识创造价值链不同阶段的作用机制，并结合组织管理实践提供了有价值的建议。

1.2.1　理论意义

本书首先分析互联网环境下企业间协同知识创造的演化博弈；其次探讨了互联网资源、能力在网络化环境下对企业知识创造及其绩效实现的使能与推动作用，分析与提炼了互联网背景下企业知识创造的特征与驱动要素，构建了互联网资源、能力在企业知识创造价值链不同阶段所起作用的理论模型，并通过实证研究的方法进行验证。本书的研究拓展了知识创造的影响因素、互联网与企业知识管理和创新活动的理论研究。

首先，本书在分析互联网环境下企业间协同知识创造演化博弈的基础上，进一步基于互联网背景，分析了企业知识创造行为的特征、驱动因素，提炼互联网背景的特殊属性，并从互联网技术、互联网平台、互联网思维三个方面分析互联网对企业知识创造过程的影响机制，基于此进一步从微观企业层面的互联网资源和能力视角分析互联网对企业知识创造过程的影响，为探索互联网资源、能力对企业知识创造过程的影响关系迈出了重要一步。

其次，本书根据互联网的不同侧重面，延伸出互联网资源、互联网整合能力、互联网应用能力的概念，并将其运用在组织创新管理与知识管理的具体实践中，构建了互联网资源与能力影响企业知识创造价值链三个不同阶段的理论模型。本书结果进一步丰富与完善了互联网与企业知识创造、创新活动的相关理论。具体如下。

（1）本书分析了三种不同类型互联网资源（互联网基础设施资源、互联网人力资源、互联网关系资源）对两种知识创造模式（内部知识创造与外部知识获取）的影响。有助于解释不同企业均投入构建互联网资源，但最终知识基础扩展程度存在差异的客观事实。

（2）本书基于组织学习视角分析了互联网整合能力驱动企业知识生成的作用机制，发现了探索式学习与利用式学习在互联网整合能力与企业知识生成的关系中均具有中介作用，且组织的学习导向正向调节了探索式学习的中介效应，而对利用式学习的中介效应作用不显著，同时也丰富了互联网能力与组织学习相关理论。

（3）本书从组织动态能力视角，分析了组织双元战略柔性（前瞻型战略柔性与反应型战略柔性）在互联网应用能力三个维度与知识创造绩效中扮演的重要角色。研究发现了互联网应用能力不同维度影响企业知识创造绩效的路径存在显著差异。这一发现为以往关于信息技术能力与组织绩效之间关系的争议提供了有价值的实证证据。另外，本书在上述模型分析的过程中，兼顾了组织内外部环境权变因素的影响，分析了环境动态性对两种知识创造模式关系的调节作用，组织学习导向对二元学习在互联网整合能力与知识生成中介效应的调节作用，以及产业链信息化密度在互联网应用能力与双元战略柔性的调节作用。该发现进一步完善了现有理论，拓展了研究视角。

（4）本书整合了资源基础观、知识基础观和动态能力理论，探讨了互联网背景下互联网能力、知识能力这两种企业内部因素的交互作用对知识创造绩效的影响过程，研究发现，互联网能力与知识能力的交互作用通过战略柔性的中介机制促进了企业知识创造绩效的提升。研究结果弥补了以往单独讨论互联网能力、知识能力等单一方面因素的作用，而忽视了两者在促进知识创造绩效中可能存在的相互促进、相互依赖的交互效应。本书创新性地将这两种理论联合，进一步深化了对资源基础观与知识基础观在建立竞争优势上的理论研究。

1.2.2 实践意义

本书通过实证分析，找出了互联网资源、能力对组织知识创造价值链不同阶段的影响机制，这对互联网环境下组织管理者在推动知识创造及其绩效实现以促进组织创新具有直观的指导意义。具体如下。

（1）企业间协同知识创造时，当博弈一方的机会主义行为使其从对方的知识创造投入中获益较大时，则博弈企业没有动机进行知识创造投入，知识创造的积极性降低。而在互联网的背景下，声誉作为企业至关重要的无形资产，对企业的"声誉惩罚"能够在大范围内产生作用，从长远来看，能够有效地约束企业的机会主义行为，培育企业间的互惠意识。而对于知识创造投入产出比较小的企业，政府应当给予足够多的补贴以弥补企业进行知识创造投入可能造成的损失甚至大于企业投机行为可获得的收益，这样的补贴机制更易于发挥有效的作用。

（2）组织可以通过构建互联网人力资源与互联网关系资源推动组织的内部知识创造与外部知识获取活动。特别地，在动态环境中，互联网关系资源对两种知识创造模式的影响更强，而环境动态性负向调节互联网人力资源与内部知识创造的关系及其对互联网人力资源与外部知识获取关系的调节不显著，则从侧面反映了动态环境下，我国企业可能由于互联网技术人才不足影响其知识创造活动，从而进一步表明了组织内部资源与外部环境相匹配的重要性。

（3）组织在利用互联网整合能力推动知识生成活动时，应当注重二元学习的中介传导作用。特别地，探索式学习的中介传导过程受到学习导向的调节作用，表明塑造重视学习、包容开放、共享愿景的组织文化，有利于组织跳出现有的思维范式，探索新知识以进一步促进知识生成。

（4）组织应当注重不同类型互联网应用能力与企业战略柔性的双向动态调整，以获取最大收益。当互联网业务跨越能力具有优势时，重视其对知识创造绩效的直接影响路径和以双元战略柔性为中介的间接影响路径；当组织互联网设施运用能力和互联网运用积极立场具有优势时，注重通过双元战略柔性影响知识创造绩效的间接路径。

（5）组织的管理者需认识到组织内外部环境因素对组织行为的影响，例如，外部环境动态性、企业所处产业链信息化密度和组织内部的学习导向强弱，这些因素在组织知识创造不同阶段起着不同的调节作用，往往会影响组织互联网资源与能力的作用效果。通过对这些因素的充分考虑与利用，选择与这些因素相匹配的组织资源与能力策略，则有助于起到事半功倍的效果。

（6）组织管理者应当充分认识到处于互联网快速发展的环境下，外部环境更具复杂性与动态性，组织应当增强互联网能力和知识能力，两者的联合有助于提升组织对环境的敏锐性感知与对未知环境的正确预判。企业应当重视互联网能力和知识能力的联合有助于最大化两者的价值，实现知识与资源的有效配置。

1.3 研究思路及内容

1.3.1 研究思路

本书综合了资源基础理论、创新价值链理论、知识创造理论、组织学习理论、动态能力理论以及权变理论等理论思想，在分析当前研究现状和不足的基础上，提炼出互联网背景下企业知识创造及其绩效实现这一研究主题，本书的基本研究思路如下。

首先，分析互联网环境下企业间协同知识创造的演化博弈情况，并基于互联网背景，从理论层面分析了企业知识创造主体、知识创造客体、环境因素所呈现的新特征；在此基础上，提炼出互联网对企业知识传播和知识创造的四大驱动因素，进一步地从互联网技术、互联网平台、互联网思维三个方面分析互联网对企业知识创造过程的影响机制。最终从宏观互联网的分析过渡到从微观企业层面的互联网资源和能力视角来分析互联网对企业知识创造过程的影响，从而构建了本书后续实证研究的主要框架。

其次，进行本书的实证研究设计。基于前面的理论分析，综合提出互联网资源、互联网运用能力对企业知识创造价值链不同阶段影响的总体实证研究思路。运用问卷调查收集一手资料，基于统计学原理与定量分析技术对本书研究的实证数据进行分析。根据实证研究的规范步骤，对相关变量进行可操作性处理，包括量表的开发和问卷的发放与回收。并通过测量偏差与共同方法偏差的检验对回收数据进行质量控制。

最后，基于对互联网环境下企业知识创造特征、驱动因素、影响机制的理论分析，提出本书的四个理论模型与相应的研究假设，并利用调查问卷数据分别对其进行实证检验，即动态环境下互联网资源影响企业知识创造的理论模型，组织学习视角下互联网整合能力驱动企业知识生成的理论模型，权变环境下互联网应用能力影响企业知识创造绩效的理论模型，并在每一章对实证分析结果进行讨论和提出实践启示。

1.3.2 研究内容与技术路线

本书的研究内容包括以下六个部分。

（1）互联网背景下企业间协同知识创造的演化博弈研究。互联网的快速发展，为企业间的深度交流与资源共享提供了条件，从而成为企业增进知识创造的场所。而在协同知识创造的过程中，参与合作的企业需要投入资金、人力、知识资本等要素，然后由不同主体企业对投入要素进行创造性的利用和集成，进而创造出新的知识成果，为企业的创新产出提供基础。然而，企业间的协同知识创造过程是不断进行知识交换、整合的过程，随着企业间知识交换的增多，难免存在一些潜在的机会主义行为，例如知识泄露、"搭便车"行为等问题，知识创造在为企业带来价值的同时也存在风险。因此，需要借助政府的适度干预、网络环境下的监督和企业的自我约束，促使企业主动进行知识创造投入，促进新知识的创造，从而使企业更容易抓住市场机会，提升企业的创新能力，进而提高企业整体的竞争优势。因此，本书将从企业间协同知识创造过程中内外部治理因素相结合的角度探讨企业的协同知识创造资源投入行为。

（2）互联网背景下企业知识创造的特征、驱动因素、影响机制理论分析。互联网的发展加速了全球竞争的步伐，从根本上降低了企业间合作与竞争的地理障碍，使企业可以通过建立虚拟网络形成更大范围的竞争与合作。在互联网的背景下，企业的知识创造行为逐渐突破地理位置、时间、参与主体的限制，形成更加广泛的合作，从更广泛的范围获取企业所需的知识，实现知识的交换与共享。在互联网的冲击下，企业的知识传播和知识创造的模式、机理正发生巨大的变化。由此，本书基于互联网背景，分析了企业知识创造主体、知识创造客体、环境因素所呈现的新特征；在此基础上提炼出互联网对企业知识传播和知识创造的四大驱动因素，并进一步从互联网技术、互联网平台、互联网思维三个方面分析互联网对企业知识创造过程的影响机制。另外，从宏观互联网的分析过渡到从微观企业层面的互联网资源和能力视角来分析互联网对企业知识创造过程的影响。这部分内容为后续的实证研究做了重要的理论铺垫，是本书的基础性工作之一。

（3）互联网资源影响企业知识创造研究。在提出互联网资源、能力影响知识创造价值链不同阶段的实证研究思路的基础上，通过调查问卷获取一手数据，进一步对本书提出的三个实证研究子模型分别进行实证分析。结合定性研究与定量研究方法，基于资源基础观分析了企业知识创造的影响因素和驱动因素，构建了动态环境下互联网资源影响企业知识创造的理论模型。借鉴信息系统相关理论将互联网资源分为互联网基础设施资源、互联网人力资源、互联网关系资源，将企业知识创造分为内部知识创造、外部知识获取两个维度，分析互联网资源对企业两种知识创造模式的影响，并验证分析环境动态性在其中的调节作用。运用层次回归分析方法，用定量数据验证所提出的理论模型，并对实证研究结果进行讨论，得出研究启示。

（4）互联网整合能力驱动企业知识生成研究。本书通过引入组织学习理论，分析了互联网整合能力驱动企业知识生成的作用机理，探讨了探索式学习与利用式学习在互联网整合能力驱动企业知识生成中发挥的中介作用。并进一步分析了学习导向对二元学习中介作用的调节效应，即构建被调节的中介效应模型。通过对问卷调查数据进行分析，运用结构方程方法与 Bootstrap 方法验证所提出的假设，并综合分析实证研究结果的理论意义与实践启示。

（5）互联网应用能力影响企业知识创造绩效研究。本书结合了资源基础观、动态能力理论和权变理论，综合分析了互联网应用能力对企业知识创造绩效的触发作用和提升路径。通过实证研究构建了互联网应用能力影响企业知识创造绩效的研究模型。在该模型中，将互联网应用能力划分为互联网设施运用能力、互联网业务跨越能力、互联网运用积极立场三个维度，将战略柔性划分为前瞻型战略柔性与反应型战略柔性，综合运用结构方程模型分析了互联网应用能力三个维度通过战略柔性影响知识创造绩效的路径，且使用层次回归分析法验证了企业所处产业链信息化密度的调节作用。并对研究结果进行总结与讨论。

（6）互联网能力与知识能力的交互效应对知识创造绩效的传导机制研究。本书整合了资源基础观、知识基础观和动态能力理论，探讨了互联网背景下互联网能力、知识能力这两种企业内部因素的交互作用对知识创造绩效的影响过程，尤其关注了具有前瞻型与反应型特征的战略柔性在这一过程中的重要作用，从而构建了一个被中介的调节效应模型。在该模型中，将互联网能力划分为互联网设施运用能力、互联网业务跨越能力、互联网运用积极立场三个维度，知识能力划分为知识获取能力、知识转移能力、知识应用能力三个维度，将战略柔性划分为前瞻型战略柔性与反应型战略柔性。综合运用层次回归分析法验证了互联网能力、知识能力通过战略柔性影响知识创造绩效的路径，并使用 Process 宏程序验证了被中介的调节效应。然后对研究结果进行讨论，并说明理论贡献与实践意义。

本书的研究技术路线如图 1 – 1 所示。

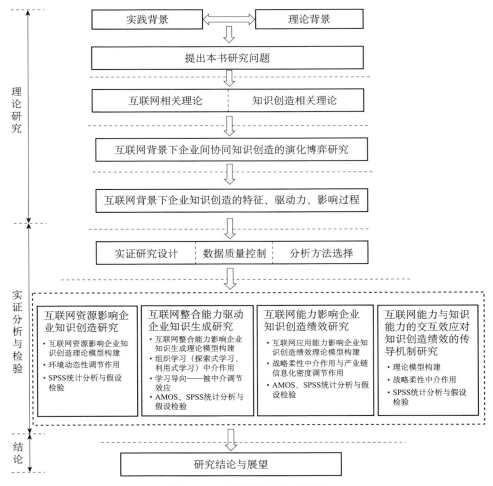

图 1-1　本书的研究技术路线

1.4　主要创新点

　　本书紧紧围绕"互联网背景下企业知识创造及其绩效实现"这一研究命题，在互联网环境下企业间协同知识创造的演化博弈进行分析，以及在互联网环境下企业知识创造特征、驱动因素、影响机制理论分析的基础上，理论结合实践对互联网资源、企业互联网运用能力影响企业知识创造价值链不同阶段的作用机理进行深入探讨，融合了资源基础观、知识创造、组织学习、动态能力、权变理论等领域的理论发展，是互联网与企业知识创造、创新活动研究的进一步深化与拓展。本书的主要创新有以下三点。

（1）从创新价值链视角丰富了企业知识创造理论研究，选取创新价值链的层级演进过程阐释知识创造活动的全貌，突破了以往只关注知识创造价值链某一环节的研究。知识创造的诸多理论大多关注显隐性知识转化过程，或者从知识创造价值链的某一个环节进行研究，从而在实践指导中缺乏全面性与针对性。本书基于创新价值链理论，选取创新价值链的层级演进过程阐释知识创造活动的全貌，将企业知识创造价值链分为知识创造、知识生成、绩效产出三个阶段，通过实证研究了互联网资源对知识创造的影响，互联网整合能力对知识生成的影响，互联网应用能力对知识创造绩效的影响，知识能力和互联网能力交互作用对知识创造绩效的影响，使研究结论更具针对性。本书的研究并非只是关注创新过程的知识创造节点，或者只关注创新的结果，而是从知识创造价值链层级演进的角度出发，分阶段进行研究，更能体现创新的未来性与长效性，同时研究结论更具全面性和针对性。

（2）从组织层面出发，探讨了互联网的不同侧重面在企业知识创造价值链不同阶段的作用机理，丰富了已有的关于互联网（信息技术）对企业知识管理的研究。虽然大多数学者意识到互联网（信息技术）对企业知识管理研究的重要性和现实性，但是现有研究更多地关注互联网（信息技术）对知识共享、知识交换、组织学习、创新绩效的影响，而忽视互联网的不同侧重面对知识创造、知识生成、知识创造绩效这一系列知识创造活动的影响。我国企业由于受传统封闭式创新的影响，在知识创造到其绩效产出的过程面临诸多困难与障碍，互联网的发展为企业克服这些困难提供了新思路。本书对互联网环境下企业知识创造及其绩效实现问题进行理论探讨，并通过实证验证了互联网资源与能力对企业知识创造过程的作用机制，在理论上丰富了互联网/信息技术对企业知识管理的研究，在实践上为互联网环境下企业推动知识创造价值链的高效运行提供了启示。

（3）创新性地探讨了学习导向、产业链信息化密度等权变因素在互联网资源与能力影响知识创造价值链不同阶段的调节作用，充实了权变理论在信息系统领域的研究。基于权变理论的研究指出，成功的组织往往善于在环境与组织结构和技术特性之间找到一个契合点，以利用潜在的机会。组织内部资源、能力与外部环境的匹配有助于组织在复杂动荡的环境中应对自如。本书创新性地分析了环境动态性在互联网资源对两种知识创造模式关系的调节作用，组织学习导向对二元学习在互联网整合能力与企业知识生成中介效应的调节作用，以及产业链信息化密度在互联网应用能力与双元战略柔性的调节作用，这些权变因素在以往的研究鲜有考虑，本书的研究在理论上充实了权变理论在互联网（信息技术）对企业知识管理研究中的应用，在实践上有助于更全面地理解组织内部互联网资源、能力与内外部环境的匹配关系。

第2章　理论基础与文献综述

　　本章将围绕第 1 章所提出的六大子问题，对所包括的互联网资源、能力与企业知识创造这两大内容所涉及的主要概念与理论进行文献回顾，以期在梳理现有研究的基础上进一步明确值得研究的问题，夯实本书的理论基础。本章共分为四个部分。第一部分对资源基础理论、知识创造理论、创新价值链理论、权变理论进行梳理，以便了解与本书相关的理论发展及其演变过程；第二部分围绕互联网的相关研究成果进行梳理，阐述互联网的资源观及其演化、互联网资源和能力的研究现状；第三部分综述了知识创造的概念和影响因素方面的研究；第四部分对国内外对互联网与企业知识管理的相关研究进行综述。基于基础理论与文献的梳理，提炼与归纳本书研究的主要问题。

2.1　相关理论基础

　　本书主要探讨互联网资源与企业互联网运用能力对企业知识创造价值链不同阶段的影响机制，同时考虑了组织内外部权变因素在其中所起的作用。因此，本书主要涉及的理论基础包括资源基础理论、创新价值链理论、知识创造理论以及权变理论。

2.1.1　资源基础理论

　　资源基础理论（resource based theory，RBT）在多个领域被广泛运用，是管理科学的一个基础理论，是战略管理的主导范式，在运作管理、人力资源管理、绩效管理、创新管理等（Hitt et al.，2016）相近领域以及互补领域中越来越受到重视。资源基础理论解释了企业由于资源异质性而导致的绩效差异，该理论主要基于以下两个假设：第一，企业组织可能拥有不同的资源；第二，这些资源具有不可复制性，因此，该理论从资源的角度解释了组织如何在竞争环境中保持独特和可持续的竞争优势，重点关注不同组织在管理效能上的差异（赵玉攀，2019）。资源基础理论假定企业能够识别、选择与利用资源，从而产生价值。通常资源可表示为资产、知识、能力与企业流程等形式（周京梅，2018）。资源与能力之间的区别在于通常资源是可见的，包含有形资产、原材料、设备等；而能力是无形的，包含品牌形象、企业声誉、产品质量等。资源是能力构建的基础，而能力体现为企业利用与调配各种资源的水平（周京梅，2018）。该理论关注企业之间的绩效差异。绩效差异被认为是由不同效率水平的资源收入差异造成的（Barney，1991）。与劣势资源相比，优势资源可以使组织生产出更高质量的产品，更充分地满足客户需求，从而带来更好的绩效。

资源基础理论作为一般观点最初主要应用于商业学科，并成为商业学科中描述、解释和预测组织关系较突出和较强大的理论之一（Kozlenkova et al.，2014），组织资源被视为组织资产，代表企业的优势或劣势，使企业能够构思和实施有助于提高企业运营效率和效果的战略（Wernerfelt，1984）。资源基础理论将组织视为资源的集合，并提供了一个强大的框架来组合多种不同的资源以产生竞争优势（Frederickson and Smith，2003）。在对企业的研究中，人们认为，企业是有形和无形资源的集合。企业能够产生竞争优势的主要原因在于其拥有的资源。如果一个企业拥有竞争对手无法模仿的宝贵稀缺资源，那么它可以利用核心资源来培养自己的竞争力，从而塑造组织的可持续竞争优势（Bharadwaj，2000）。

在互联网时代，互联网与信息技术已演化成为组织的宝贵资源（Dong et al.，2009），互联网、信息技术相关的资源已成为组织培养与维持可持续竞争优势的基础。以往研究广泛将互联网资源（信息技术资源）、互联网相关能力（信息技术能力）理解为组织有价值的资源，但对两者概念界定并不清晰（周宇，2017），从而使其在企业的实践指导中缺乏针对性。实际上，企业层面的互联网资源、能力可进行功能上的细化分类，正如本书根据互联网的不同侧重面将其分为互联网资源、互联网整合能力、互联网应用能力。在本书的研究中，互联网资源包括有形的资源，即互联网基础设施资源和互联网人力资源，也包括无形的资源，即互联网关系资源。互联网整合能力则是企业有效配置和使用互联网资源以识别机会、整合组织内外部资源以及对组织内外部的各种能力进行协调和匹配以适应动态环境的能力。互联网应用能力是组织获取、部署、组合和重新配置互联网资源以支持和提高商业战略和工作流程的能力。企业拥有的独特资源与能力是企业获取超额收益并维持竞争优势的根源（Wernerfelt，1984），尤其当这些互联网资源、能力与组织内部的其他能力相结合以推动企业知识创造及其绩效实现时，将有助于组织构建核心竞争力与建立持续性的竞争优势。因此，以资源基础观为依据，本书将深入探讨企业知识创造过程中互联网资源、能力在不同阶段所起的作用。

2.1.2　知识创造理论

日本著名知识管理教授野中郁次郎和竹内弘高（Nonaka and Takeuchi，1995）最早开始对知识创造型企业进行研究，形成了知识创造理论。该理论将知识创造过程视为显隐性知识相互转化的过程，并将其划分为社会化、外部化、组合化、内部化四个过程，即著名的 SECI 模型。该理论认为，组织应当努力推动显隐性知识的相互转化，进而促进组织的创新与发展（张军等，2016）。随后众多学者在知识创造领域的研究均是基于该理论做进一步的修正、扩展、实例验证及实证检验。而另一种研究路径则不强调对显隐性知识及其相互转化过程的区分，而是侧重于组织内员工的知识创造行为特征，认为知识创造包括两个基本过程：知识交流与知识组合（张军等，2016）。前者关注企业内不同层次员工间的知识交流和共享行为，后者则侧重于组织员工对各种不同来源的知识进行组合的行为。并基于此进一步考察知识创造对组织技术创新的影响（Smith et al.，2005；Shu et al.，2012）。

可以看出，不管是哪种研究路径，当前知识创造理论更多的是将知识创造视为显隐性知识在组织内部的交融转化过程或者交流共享行为，忽视了将所创造知识进一步转化为产品或者服务实现经济效益的过程。而知识创造的目的在于实现创新，对知识创造及其绩效实现整个过程价值链的探讨，才能真正洞察知识创造在企业创新活动中的效应。因此，本书研究创新性地借鉴创新价值链理论，选取创新价值链的层级演进过程阐释知识创造活动的全貌，将企业知识创造过程划分为知识创造、知识生成、知识创造绩效三个阶段，深入探究互联网环境下如何推动企业知识创造价值链三个阶段的进行，对企业创新活动的指导更具现实性与针对性。

2.1.3　创新价值链理论

汉森和伯金肖（Hansen and Birkinshaw，2007）认为，创新价值链是一个连续的、有序的三阶段过程，包括创意的产生、创意的转化与创意的扩散。

其中，第一个阶段创意的产生，是指新构思、新设想或者新发明的产生，可来自组织内部也可来自组织外部。通常，企业可通过内部研发与获取外部知识收集创新所需的各种知识信息。其中，外部知识来源包括客户、竞争者、高校等。已有研究表明，组织内部研发与所获取的外部知识存在互补关系（Cassiman and Veugelers，2002）。第二阶段创意的转化，是通过筛选一些创意并提供相应的资金支持，将其发展为产品或实践活动，这一阶段是通过甄别创意、对企业进行优劣势分析与开发方案选择等手段进行创意的转化。第三阶段进一步将发展的产品或实践进行推广扩散，实现创意的商业价值。组织可通过一些宣传渠道、消费群与地理位置选择等对新产品或者新工艺进行宣传，使创意得到扩散。总体而言，创新价值链的核心观点在于将组织创新当作一个首尾相连的连续过程，强调每一个阶段对于组织创新都尤其重要，不能片面地注重创新的最薄弱或者最强势的环节（王辉，2012）。

本书借鉴创新价值链理论，将企业的知识创造过程划分为知识创造、知识生成、知识创造绩效三个阶段。其中，知识创造阶段是组织通过内部知识创造与外部知识获取方式获得开展各种创新活动所需要的关键知识资源。知识生成阶段侧重对组织内外部知识的整合、消化、吸收、接受与运用。知识创造绩效阶段是企业将知识创造进一步转化为产品或者服务，实现知识创造的应用经济效益。这三个阶段体现了企业从知识创造到其实现经济效益的过程。每一个阶段均对组织的创新实现有着重要影响，因此，探讨如何利用互联网推动知识创造价值链每一个阶段的进行，对于该价值链的顺畅、高效运行至关重要。

2.1.4　权变理论

权变理论形成于 20 世纪 60 年代末至 70 年代初，强调组织应当根据其所处的内部和外部环境条件随机应变，寻找最适合的管理方式。该理论认为，每个组织存在不同的内在要素与外部环境，因而没有任何原则和方法可以适用于管理活动中的任何场景。在组织的管理实践中，需要根据组织的内部条件与所处外部环境的情况随机应变，不存在一成不变的、普适的管理方法。成功管理的关键是充分了解组织内部与外部情况的基础上，实施有效的应对策略（张涛和庄贵军，2015）。

权变理论侧重于通过组织各子系统中各种变量之间的关系以及组织与环境之间的关系，从而确定各种变量的关系类型和结构类型。该理论强调在管理中，组织应根据其自身内部和外部情况不断调整，寻找最合适的管理模式、方案或方法以适应不同的情景（张涛和庄贵军，2015；胡乐炜和赵晶等，2018）。

近年来，在信息系统领域的研究中，众多学者将权变理论应用于组织商务战略与组织信息系统战略的匹配问题研究（胡乐炜和赵晶等，2018）。例如，萨伯瓦尔等（Sabherwal et al.，2001）研究了不同商业战略与信息系统战略匹配影响可感知商业绩效的情况。奥姆和平松诺尔（Ohm and Pinsonneault，2007）运用权变理论评估了信息技术战略价值，并部分验证了权变理论优于资源基础理论评估信息技术的战略价值。具体到企业基于信息技术的知识价值实现研究中，权变理论主要关注组织在其所处的动荡、竞争与制度环境中拥有的信息技术如何嵌入知识管理过程创造价值。例如，斯图尔和穆汉纳（Stoel and Muhanna，2009）将组织所处环境状况当作权变因素，探讨了互联网使能的内外部资源、知识与技能对于组织绩效的影响。金等（Kim et al.，2014）运用权变模型验证了技术、组织与环境因素在组织知识管理策略对组织绩效影响过程中所起的作用。罗森茨维希（Rosenzweig，2009）基于权变理论分析了组织的产品复杂性、市场变化、环境包容性等环境因素对于组织间电子合作战略过程（知识共享与专用资产构建）的影响。

通过上述文献综述可以看出，运用权变理论有助于解释非信息技术因素（权变因素）对互联网使能的价值创造过程的影响。由此，为了更好地探讨互联网资源、互联网运用能力对企业知识创造过程的影响，本书以权变理论为理论基础，在互联网资源、互联网运用能力影响企业知识创造价值链不同阶段考虑不同权变因素的影响作用，从而更深入地分析互联网环境下的企业知识创造及其绩效实现过程。

2.2　互联网相关研究

2.2.1　互联网的资源性特征

21 世纪以来，以互联网和信息技术为代表的信息革命使人类步入了互联网时代。互联网以前所未有的速度与广度影响着经济社会的发展模式与人类的生活方式。互联网已经不再只是一种信息传递工具或者应用平台，其资源性特征已逐渐凸显。在经济学上，对资源内涵的认识经历了长时间的变迁。从早期的古典经济学侧重于生产要素层面研究资源内涵，例如古典政治经济学认为资源就是土地、资本与劳动力，到新古典经济学在资源的认识上将其拓展到边际生产力分配层面，再到制度经济学将制度视为推动生产率变化的重要因素之一，认为组织运营的高效率有助于提升生产率（尹士等，2018）。我国学者侯汉坡等（2010）在总结前人研究的基础上，认为经济增长来源于生产要素投入的增加与生产效率的提升，可通过知识创新成果的运用与合理的组织制度实施提高生产效率，因而可将最终推动经济增长的要素定义为资源。科斯等（Coase et al.，2003）认为，交易费用是对企业边界和组织形态起着决定性作用的重要因素之一，它的改变会影响企业的组织结构，并会在一定程度上引起制度的变迁。而随着互联网要素的加入，人与人之间的沟通交流成本、处理信息的成本与交易成本均大幅下降，改变了交易费用，进而提高了市场效率。因此，资源观视角下的互联网是通过高效且有效的知识信息传播、获取与运作模式对组织要素投入、知识创新与制度变迁产生影响，进而推动生产率提高的一种资源（尹士等，2018；侯汉坡等，2010）。

互联网的资源性特征包括以下三个方面：（1）技术性。互联网能够将世界各地的计算机通过一定的通信协议组成国际网络，作为一种技术性资源，互联网对企业的运营发展产生重大影响，已经成为组织创新的关键投入要素，企业利用互联网推动内部的知识信息交流与获取外部异质性的知识信息资源，促进了企业的高效运营（王海杰和宋姗姗，2019）。从这个角度而言，互联网与其他生产要素（如机器、厂房等）并没有明显的区别，是推动发展的直接生产力。随着我国互联网、云计算、大数据、智能芯片等相关技术的不断成熟与发展，互联网在与其他资源融合的过程中，将会驱动对互联网资源更大的需求（尹士等，2018；侯汉坡等，2010）。（2）公共性。互联网不仅具有技术性特征，作为一种资源它还具有公共性。大部分互联网相关设施是在国家的投资下建立，人们仅需花费较低成本就可享受互联网带来的便利性。此外，互联网上巨量的信息随处可见，仅需花费少量成本即可访问海量信息。可见，互联网在人类的生产与生活中已成为一种公共品（尹士等，2018；侯汉坡等，2010）。（3）渗透性。随着互联网对人类生产生活影响的深入，其已逐渐从狭小的计算机领域渗透企业的生产以及人们生活的领域，进一步推动了社会全面的网络化进程。尤其是通过与三次产业的融合，不断地提升产业的效率，并在产业融合中扮演重要角色，进一步推动了产业的网络化发展。近年来，随着我国"互联网＋"概念的提出与发展，这种渗透性越加深入（尹士等，2018；侯汉坡等，2010）。

2.2.2　我国互联网的资源观演化

当前，互联网已成为与企业创新系统相融合的战略性社会资源。基于杨善林（2016）、尹士等（2018）、方兴东（2014）等学者的研究，我国的互联网资源演化可划分为以下三个阶段。

（1）技术互联网阶段。在互联网接入我国之前，由于资源匮乏且技术要求高，高校与企业等鲜有机会使用互联网进行科学研究，科学研究的深入与广泛开展受到限制，导致企业创新活动的开展缺乏内生动力（毛伟，2013）。在互联网接入之后，其为企业与高校开展创新活动提供了资源与条件，互联网资源在我国企业的创新发展中已演化成为关键的要素之一（尹士等，2018）。

（2）平台互联网阶段，这一阶段包括了商业化与社交化阶段：第一，商业化阶段。1994 年 4 月以互联网技术为主导的初级时代开启，原邮电部正式向社会开放互联网接入，企业、个人均可自由访问互联网，促进了互联网资源与社会融合。随后在我国掀起了互联网的创业浪潮，从 1997 年开始以人民网为代表的门户逐渐成立且不断发展，新浪、网易等门户网站相继创立，同时阿里巴巴、天涯社区、百度等大量互联网商业公司创立，网络投资环境不断得到改善。但在 2000 年后，美国股市的崩盘与互联网泡沫的破灭，给我国企业带来了沉重打击。第二，社会化阶段。在互联网的第二次浪潮下，我国互联网形成了需求服务（SP）、在线广告与网络游戏三种主要盈利模式，并随后在博客网的带动下迎来了 Web 2.0 热潮（尹士等，2018）。在这一阶段，互联网在制造、金融、物流等领域获得广泛应用，已经成为企业与个人的信息资源共享平台，且具有高效率、低成本的特点，同时企业也在培育新型的创新模式与商业模式（方兴东等，2014）。

（3）资源互联网阶段，这一阶段包括了即时网络阶段与资源网络阶段：第一，即时网络阶段。从 2009 年开始，微博、微信等即时通信工具崛起将我国互联网带入即时传播阶段。我国互联网发展的资源性特征日益突出，且在宽带数量、网民数量等多项指标中占据世界之最，阿里巴巴等巨头企业也在世界排名前列。在这一阶段，互联网在加快知识信息资源传播扩散的同时，逐步扩大其影响范围，在生产与消费等多个领域逐步渗透，使企业不断升级其整体结构，优化其资源配置，且企业的商业模式与所处的产业形态持续地创新，进而增加了企业的创新活力（方兴东等，2014）。此时，互联网已从技术工具与应用平台范畴向企业战略性资源跨越，不断实现与企业生产以及商业模式创新的融合，成为企业创新的战略性社会资源。第二，资源网络阶段。
当前我国已进入"互联网＋"时代，企业可以运用互联网思维协助优化内外
部资源的配置，进行商业模式创新，以及对产业链结构进行调整，并推动资
源共享经济的形成。同时，互联网发展推动全球范围内知识信息的传播，淡
化了企业之间的边界，从而改善了传统企业的内外部信息不对称问题（尹士
等，2018；方兴东等，2014）。

从以上分析可知，随着互联网资源观的演化，其已成为影响企业发展的
重要社会资源平台。互联网的演化不仅改变了知识信息的传播、获取与运作
模式，而且推动传统企业从价值链向价值环的转变，使产业环呈现云化模式
发展。在这种演化态势下，互联网将与企业创新系统全面融合，在技术创新
方面广泛渗透，推动组织内外部资源的整合与优化。在"互联网＋"时代通
过运用互联网思维与探索多元化的互联网社会资源（尹士等，2018），有助于
推动企业的知识创造与技术创新。

2.2.3　企业互联网资源和互联网能力的相关研究

组织中使用互联网与信息技术进行创新活动来构建竞争优势是普遍且复
杂的（Vannoy and Salam，2010），因此，本书研究的对象不仅是互联网本身。
借鉴以往的研究，本书将组织这种获取、部署与重新配置互联网资源来支撑
组织知识创造和技术创新活动的能力定义为互联网能力（庄彩云和陈国宏，
2017），这种能力不仅包含固有的互联网价值能力，也蕴含了动态能力的内
涵。在互联网飞速发展的今天，学者们从各自的研究视角对互联网资源、互
联网能力进行了界定。本书选择信息系统领域关于资源和能力的代表性文献
进行整理分析，如表 2 - 1 所示。为后续分析企业互联网资源和互联网运用能
力对知识创造价值链不同阶段影响的演化路径奠定基础。

表 2 - 1　　　　　　　　　信息系统领域资源和能力相关研究

研究者及年份	主要概念	内容	维度/描述
Bharadwaj，2000	信息技术资源	与信息技术相关的资源，这些资源异质地分布在企业中，形成不同的信息技术使用模式与效果	有形物理资源（信息技术基础设施）、信息技术人力资源（信息技术技术技能与信息技术管理技能）、信息技术无形资源（知识资产、客户导向、协同）
	信息技术能力	调动与部署信息技术相关资源，并与组织内其他资源和能力结合协作的能力	由信息技术资源组合而成

续表

研究者及年份	主要概念	内容	维度/描述
Piccoli and Ives,2005	信息技术资产	是可供组织使用的包括硬件组件与平台、软件应用与环境,以及数据仓库等资产	信息技术基础设施、信息仓库
	信息技术能力	企业在一定时间内通过异质的开发过程形成独特的、使用和管理某些特定类别技术的能力	技术技能、信息技术管理技能、关系资产
Aral and Weill,2007	信息技术资产	针对特定的战略目标的信息技术投资分配	基础设施、通信资产、信息资产、战略资产
	信息技术能力	与信息技术配合的实践和竞争力的锁定系统	信息技术竞争性(信息技术技能、信息技术管理质量)与信息技术实践(信息技术使用、互联网架构、数字交易)
Ordanini,2008	Internet 资源	超越组织技术层面的资源,包含通过互联网技术提供的解决方案、组织人员掌握的技术与管理技能、将互联网技能与资产嵌入组织业务流程的能力	互联网技术资产、人员技能、无形资产
Pavlou and Sawy,2010	信息技术运用能力	能够有效使用信息技术功能对信息技术使能的行为提供支持的能力	企业记忆系统、项目与资源管理系统、协同工作系统的有效应用
	Dynamic 能力	企业重新配置现存操作来形成新的能力,更好地适应环境的能力	学习或吸收能力、感知能力、集成能力、协作能力
Ashrafi et al,2015	信息技术资源	对信息技术战略价值具有主要贡献的与信息技术相关的资源	信息技术人力资源、信息技术知识资源、信息技术关系资源
	信息技术能力	组织以独特的方式捆绑信息技术资源,例如信息技术人力资源、信息技术与业务之间的关系结构以及信息技术知识资源,以创造具有竞争优势的信息技术能力	信息技术战略规划能力、信息技术项目的战略部署
殷国鹏和陈禹,2007	信息技术资源	与组织信息技术运用相关的多种资源	信息技术有形资产、信息技术人力资源、信息技术无形资产
	信息技术能力	信息技术与组织经营战略、人力资源、流程等相结合形成信息技术能力	信息技术与业务协调能力、信息技术战略能力、信息技术管理技能、信息技术技术资源
焦豪等,2008	信息技术资源	组成和测量信息技术能力的维度	人力资源、技术资源和关系资源
	信息技术能力	企业组合、调用与部署信息技术资源并与其他组织资源结合,支持与增强其他业务功能的独特能力与技能,并为组织创造持续竞争优势的潜能	信息技术基础设施、人力信息技术资源、信息技术体系管理、信息技术关系资产

续表

研究者及年份	主要概念	内容	维度/描述
王念新等，2011	信息技术资源	企业在应用信息技术过程中拥有或者控制的物理资本、人力资本和组织资本，以构思和实施信息技术战略	信息技术基础设施、信息技术管理资源、信息技术技术资源、信息技术关系资源
	信息技术能力	组织有效利用信息技术资源开发信息系统，并使其得到有效利用的能力，是组织实现信息系统能力的关键	IS 使用能力、IS 战略能力、信息技术管理能力、IS 实现能力
薛晓芳等，2015	信息技术能力	在组织内部或者联盟间，运用与信息技术相关的资源、惯例的整合以支持组织战略的能力	信息技术整合能力（信息技术集成能力、信息技术管理能力），信息技术关系能力（信息技术与业务关系、外部信息技术联系）
王重鸣和吴挺，2016	Internet 资源	企业声誉、在线品牌社区	网络声誉有助于企业开发国际机会、在线品牌社区不受地理位置限制对企业国际化有大的价值
	Internet 能力	应用互联网技术提高知识转移，提升国际市场交易，开发与维护全球网络关系的企业能力	网络应用与组织流程整合能力、在线体验的定制能力、企业的技术机会主义
张玉明和李荣，2018	Internet 环境	企业的信息技术灵活性与信息技术整合性程度	信息技术灵活性、信息技术整合性
王春燕和张玉明，2018	Internet 应用	互联网应用推动企业的开放性创新，实现创新知识互补、提高创新成功率	互联网灵活性、互联网整合性、互联网开放广度

2.2.4　研究述评

（1）从互联网的资源观及其演化可以看出，互联网已经成为企业创新的一种重要的战略性资源，进一步探究企业如何利用互联网进行知识创造与创新活动是未来研究的热点问题。

（2）尽管学者们为互联网资源、互联网能力的研究提供了丰富的文献基础，但是现有研究关于互联网资源与能力并没有很明确地进行区别与界定，且对两者的维度划分交叉混用，这不利于指导企业实践，有必要对互联网资源与互联网能力的概念进行区分与界定。

（3）关于互联网能力概念涉及范畴比较广，不同学者基于不同的研究视角，对其提出不同的理解与维度划分。有必要对互联网能力进行功能上细化的分类，以在企业的实践中提出更具有针对性的政策建议。正如本书所提出的将互联网能力区分为互联网整合能力与互联网应用能力。

2.3 企业知识创造相关研究

2.3.1 知识创造的概念

在知识经济时代与互联网时代的背景下，知识创造是企业实现知识增长与创新绩效的重要途径，其对企业发展的重要性已经得到学术界与实践界的广泛认同，并获得广泛关注。1995 年野中郁次郎和竹内弘高在 *The Knowledge-Creating Company* 中首次提出知识创造的概念，并指出知识创造是在隐性知识向显性知识、从个人层次向组织层次转化与相互作用的过程中产生的（野中郁次郎和竹内弘高，1995），并提出了著名的 SECI 知识创造模型。在他们研究的基础上，学者们基于不同的学科背景与研究背景，从不同角度对知识创造进行定义，已积累了丰硕的研究成果。

从企业资源的角度，德鲁克（Drucker，1993）认为，知识创造是通过有目的、有意识的活动持续地累积、创造与更新知识，进而放大资源的利用效应。有学者研究指出，知识创造是组织最大限度地利用内外部各种知识资源来积累知识、创造价值与建立竞争优势（Matusik and Hill，1998）。克罗斯等（Crossan et al.，1999）指出，在解决问题的过程中，个体通过直觉与创造性的洞察力找出新的问题的解决方案，进而创造了新的知识。与此观点相一致的学者还有斯泰拉等（Styhre et al.，2002）、纳普尔和克罗普利（Knapper and Cropley，2000）。帕伦特等（Parent et al.，2000）认为，知识创造是开发新知识替换旧知识的过程，反映了组织开发有价值的新思想与新解决方案的能力。沃尔什等（Walsh et al.，2009）研究指出，企业知识创造意味着产生新知识。知识创造的基本特征在于新颖性知识的出现，即先前未出现过的新知识（樊治平和李慎杰，2006）。国内学者陈建勋（2009）和张鹏程（2010）等也支持了这一观点，认为知识创造是组织产生新知识的过程（张鹏程和彭菡，2011）。储节旺等（2017）认为，知识创造在于增加组织与个体知识存量并促进知识流量的过程。李等（Lee et al.，2012）从团队层面认为，知识创造是团队成员经过集体学习更新和传播知识的过程（Lee and Oguntebi，2012）；克罗等（Von Krogh et al.，2012）从组织层面认为，知识创造是企业整合整个组织中知识资产、环境与创新流程，是三个活动层次的连续统一体。

总体来看，学者们的研究角度和侧重点各有不同，但到目前为止，对知识创造概念的定义还没有取得共识。根据国内外学者对知识创造概念定义的不同侧重点，总结而言可分为以下三种类型：（1）从知识创造过程视角，将知识创造看作组织所展开的一系列创造知识的活动或者过程，该视角主要侧重知识创造的方法或手段，例如克罗斯等（Crossan et al.，1999）、斯泰拉等（Styhre et al.，2002）。（2）从知识创造产出视角，认为知识创造就是提出新的想法，该视角主要侧重知识创造的直接产物，例如帕伦特等（2000）、沃尔什等（Walsh et al.，2009）。（3）从知识创造结果视角，认为知识创造是新的产品、服务或流程的产生过程，可为企业实现价值增值与提升竞争优势，该视角主要强调新知识的传播与应用（Phan and Peridis，2000）。从上述归纳可以看出，从知识创造过程、产出或者结果视角定义知识创造仅体现了知识创造价值链中的某个环节。国外学者研究指出，知识创造代表产生、发展、实施新思想的过程（Mitchell and Boyle，2010），该定义包含了过程、产出和结果的要素（Shu-Chen Kao et al.，2011），涵盖了知识创造价值链的所有环节，更具全面性。

随着学者们对知识创造概念研究的不断深入，知识创造的内涵不断得到充实。对于知识创造概念研究的关注点发生了变化，从最初关注知识创造的重要性、方法或手段，到最新的关注知识创造的本质、新知识的传播与应用以及知识创造价值链等方向转变。

综上所述，学者们对知识创造概念定义的多种视角反映了其对知识创造的不同理解，均有各自的侧重点。这些研究均对全面深入理解"知识创造"的概念奠定了基础。但同时对知识创造的概念界定较为广泛，尚未有一致的定义。而不一致的概念界定使知识创造相关的实证研究难以开展。由于不同研究对于概念的界定存在差异，使不同研究间难以进行比较。因此，从知识创造过程、产出和结果方面更为全面地衡量知识创造价值链的不同阶段具有必要性，对知识创造价值链不同阶段的概念进行界定，更有利于知识创造的实证研究与比较分析。

2.3.2　企业知识创造的影响因素

20 世纪 90 年代末，知识创造研究的重点从知识创造的内容转向知识创造环境和知识创造的有利因素。对知识创造有利因素的研究大多是概念研究、案例研究和实证研究。通过现有的研究成果可以发现，由于知识创造概念的界定不一致，该领域的研究较为广泛和分散，缺乏系统性，难以总结。如果直接进行总结和分析，就很难把握问题的本质和内在规律。因此，有必要分析该领域研究的概念和评价方法之间的内在联系，以提高该领域研究的系统性和可比性。学者们对知识创造影响因素的研究，目的是促进知识创造。知识创造受到知识创造能力、知识创造过程和知识创造环境等诸多因素的共同影响。

（1）知识创造环境维度。在知识创造的影响因素上，野中郁次郎和竹内弘高（1995）最早从环境维度提出"Ba"（容纳知识和有知识的人的物理空间）是知识创造的空间，认为"Ba"与领导因素有助于推动知识创造过程。基于此，吴（Wu，2008）研究指出，供应商关系管理以及顾客关系管理等活动通过 SECI 与"场"环境影响知识创造行为。斯图普夫（Stumpf，2013）通过对十个国家合作空间（一种新的后现代自由职业者和企业家社区的工作组织）参与者的调查研究表明，一个充满激情的工作场所"Ba"能够真正激发创造力，并且空间环境的灵活性也能培养创造力（斯图普夫，2013）。林德布卢姆等（Lindblom et al.，2010）研究关注了特许经营中经销商如何将特许经营人所拥有的隐性知识（如见解、思想和直觉）转化为显性知识的问题，指出"Ba"可为特许经营系统中的参与者提供"共享空间"，"Ba"是特许经营中知识创造的平台。其他学者还探讨了团队合作、创新氛围、组织正式与非正式环境、组织文化等组织环境因素对知识创造的影响（Shu-Chen Kao et al.，2011；刘金平，2018；Maier and Schmidt，2013；Rai，2011）。

21 世纪初以来，学者们开始关注产业集群环境等组织外部环境对知识创造的影响。例如阿里坎（Arikan，2009）分析了产业集群中不同企业间知识的流动交换、企业的能动性与知识创造效果提升等因素，认为产业集群是增强组织知识创造的场所，且不同集群的知识创造效果存在差异。阿哈朗森等（Aharonson et al.，2008）研究认为，集群企业的知识创造为集群内单个企业创造竞争优势，同时对集群整体创造了竞争优势。我国学者齐讴歌等（2012）研究认为，在空间集聚中，知识溢出有助于知识创造、扩散与使用的成本降低与效率提升，知识溢出效应积极促进了知识创造。随着研究的深入，一些学者认为，知识创造的动力不仅限于地理环境，还可来自网络。托尔斯泰等（Tolstoy et al.，2009）从合作网络的视角，基于国际创业企业的实证研究表明，来自供应链网络与顾客网络的知识对知识创造有积极的促进作用。学者们更多地从社会网络的视角，例如，蔡（Chua，2002）通过对高等教育学院的调查研究发现社会互动水平对所创造知识的质量呈正相关，其中对知识创造影响最大的是关系维度。周等（Chow et al.，2008）基于中国香港地区企业的调研数据研究表明，社会网络与共享目标显著促进了组织成员知识共享的意愿，进而促进知识创造，而社会信任对知识共享的态度和主观规范没有影响（Chow and Chan，2008）。罗和哈桑（Luo and Hassan，2009）基于中国企业的调查研究指出，高层管理网络（TMN）的网络嵌入性有助于知识创造，但是过分嵌入会降低知识创造水平。梁娟等（2015）研究表明，集群企业嵌入多重网络有助于知识创造绩效的提升。庄彩云（2017）等研究认为，产业集群知识网络多维嵌入性有助于创新绩效的提升，且不同的学习能力在多维嵌入性与创新绩效间的中介效应存在差异。

也有学者将关注点转向互联网环境下的知识创造。一些学者从网络和组织间关系领域发现企业间的知识交流与创造过程有相关关系（Liebeskind et al.，1996）。汉德森和克拉克（Henderson and Clark，1990）指出，企业需要不断发展和更新它们的知识，防止知识在激进创新中过时。知识创造是一个复杂且不确定的过程，它通常需要通过组织间的合作，以输入外部资源。网络环境支持企业间的学习，通过与其他行动者的互动补充公司自己的资源，通过不同能力的组合协同效应提高探索的可能性。部分学者关注了组织间或团队间的知识创造过程。例如哈达克和史密斯（Hardaker and Smith，2002）认为，通过建立虚拟社区（或网络化战略社区）来构建知识网络，可以促进知识创造。尼古拉斯·洛佩斯和卡洛斯·阿科斯塔（Lopez-Nicolas and Soto-Acosta，2010）的研究表明了信息通信技术（ICT）的采用和使用对知识创造四个过程（社会化、外部化、组合化和内部化）有显著的正向影响。阿林等（Arling et al.，2011）调查研究了组织信息系统的应用对于知识创造活动的支持作用，并指出成熟的知识管理系统应当满足显隐性知识的管理都是有效的。伯克哈德和希尔等（Burkhard and Hill et al.，2011）研究了组织如何在互联网中与顾客进行互动，在虚拟的空间中协同创造新知识。桑托罗等（Santoro et al.，2018）基于物联网背景研究表明，知识管理系统通过发展内部知识管理能力，促进开放和协作的生态系统的建立，以及开发组织内部和外部的知识流，进而增加创新能力。王春燕和张玉明（2018）研究认为，互联网的整合性、灵活性以及开放广度均对创新绩效产生显著的正向影响。

总体而言，企业知识创造的研究正逐步转向互联网环境下的企业知识创造研究。而对互联网环境下的企业知识创造研究还较为匮乏，有待更深入地探讨。

（2）知识创造过程维度。野中郁次郎和竹内弘高提出 SECI 知识创造螺旋后，学者们从不同角度对 SECI 过程及其对知识创造的影响进行了实证研究。崔和李（Choi and Lee，2002）分析了韩国企业知识管理战略和知识创造过程的关系，发现人的策略有利于社会化而系统的战略更有利于组合化。尼古拉斯·洛佩斯和卡洛斯·阿科斯塔（Lopez-Nicolas and Soto-Acosta，2010）通过对西班牙中小企业的实证发现，沟通、工作流对知识创造有影响。悉达等（Siadat et al.，2012）在伊朗法罕大学的实证研究发现，社会资本和组织文化对知识创造有影响。国内学者周健明和周永务（2021）的实证研究证实了知识惯性会显著地破坏团队创新氛围，进而负向影响团队知识创造行为，团队创新氛围在知识惯性与团队知识创造行为关系中起完全的中介作用。齐莹等（2022）认为，组织兼容性是知识创造的重要因素，其创新性地提出创新网络中企业知识创造模型，并详细分析组织兼容性不同维度对不同类型知识创造的作用机理。

还有一些学者把知识创造过程视为中介或调节因素，分析其对知识创造的影响，例如林德曼等（Lindermana et al.，2004）、吴和林（Wu and Lin，2009）认为，质量管理实践推动 SECI 循环，促使新知识的产生，进而影响企业绩效。西班牙学者萨莱姆等（Ramírez et al.，2012）在实证研究中发现，SECI 四个模式对组织信息分配灵活性和组织绩效有直接和间接的影响。卢明纯（2010）通过中南地区企业的实证研究发现，知识创造对组织绩效具有直接的正向影响；组织学习则需要以知识创造为完全中介变量才能改善组织的绩效水平。李等（Li et al.，2009）在中国台湾地区企业的实证研究表明，创业导向会影响公司绩效，而知识创造过程在其中发挥调解作用。关辉国等（2018）研究发现，顾客不同的参与形式对企业创新绩效的影响存在差异，并且分别以不同的知识创造中介形式间接作用于企业创新绩效。

（3）知识创造能力维度。学者大多从组织学习、知识共享、人力资本角度对知识创造能力维度进行分析，进而分析其对知识创造的影响。例如泰拉和乌尔里克（Teerajetgul and Charoenngam，2006）研究知识因素和知识创造过程之间的关系，泰国建筑业的实证结果表明，激励、信息技术（IT）和个人能力影响知识创造过程，进而影响知识创造。夏尔马和戈斯瓦米（Sharma and Goswami，2009）从组织学习视角，通过探索性研究，发现知识产生和成长的过程中参与性互动和组织学习是必要的。芳和德特维勒（Fong and Dettwiler，2009）研究了瑞典 967 家创业型企业，发现员工的教育水平影响企业的知识创造。贝利尔和藤田（Berliant and Fujita，2012）通过数学推理发现，多元文化和多区域来源的工人有利于知识创造。国内学者，例如朱伟民（2009）通过对科技型企业的实证分析发现，人力资本的获得、保持和激励对组织知识创造能力的影响显著，而人力资本开发和组织结构因素的作用不显著。王培林（2010）认为，知识创造能力在企业层面可分解为外部环境、资源投入、组织氛围、研究开发、个体知识创造能力这五个要素，设计了相关标准来衡量，并运用模糊综合评价法对研究结果进行实证研究。原长弘和姚缘谊（2010）认为，知识共享氛围直接促进成员知识创造并间接通过个体的知识增长作用于知识创造。

2.3.3　研究述评

（1）从知识创造概念界定的相关研究可以看到，现有研究对知识创造的定义并没有统一的概念界定，大体上可分为从知识创造过程、产出或者结果对知识创造进行定义。而这都只是对知识创造价值链过程的某一个环节进行定义，不一致的概念界定使得知识创造相关的实证研究难以开展，且不同研究间难以进行比较。因此，有必要从知识创造过程、产出、结果不同视角对知识创造价值链不同环节分别进行定义，从而对企业实践提供更为具体和有针对性的指导。

（2）从知识创造影响因素上可以看出，知识创造受到知识创造环境、知识创造过程和知识创造能力的三重影响，未来研究在关注各维度影响因素的同时，应加强对上述影响的整合研究和实证检验。在环境维度，企业知识创造的研究已经从以往的考虑组织内环境因素"Ba"、集群环境、企业嵌入的网络环境、超越地理边界的超本地网络环境等相关的情景因素转向互联网环境下的企业知识创造研究。但是现阶段对互联网环境下企业知识创造的研究还较为缺乏。在过程维度，可结合最新的知识创造过程及模型的研究成果，从多个视角分析知识创造过程的影响因素；在能力维度，进一步分析有利影响因素的同时，也要加强对不利因素的研究，尤其是对于互联网在企业知识创造价值链不同阶段所起作用的相关研究需要进一步地深入。

2.4　互联网与企业知识管理相关研究综述

随着互联网和开放标准技术的出现以及相关通信成本的降低，企业正在向互联网平台（Zhu et al.，2006）和云计算环境迁移（Colomo-Palacios et al.，2012）。因此，有效地应用互联网技术已成为组织管理方面关切的重要问题（Soto-Acosta and Meroño-Cerdan，2008；Merono-Cerdan et al.，2007）。信息快速搜索、访问、检索和交换的特点使互联网适合于组织成员之间、组织与外部相关主体之间的协作和知识交流（Lucio-Nieto et al.，2012）。因为互联网数字平台的主要特点是建立在知识民主化的基础上，所以有利于协作和知识自然流动的出现，这反过来可能有利于创造性创新（尼古拉斯·洛佩斯和索托·阿科斯塔，2010；Soto-Acosta and Meroño-Cerdan，2008）。因此，了解互联网运用对企业知识管理的影响具有重要意义。国内外学者基于不同的研究视角，进行了互联网对企业知识管理与创新的研究。

2.4.1　国外对互联网与企业知识管理的研究

从宏观互联网层面，恩格（Eng，2004）通过英国高科技集群案例分析发现，互联网加强了企业在生产与创新的空间定位中的相互作用，从而促进了知识创造。卡福罗斯（Kafouros，2006）通过 C-D 函数的框架与计量分析方法，验证了互联网对企业研发能力的提升作用。麦奎尔和马尼卡（McGuire and Manyika，2012）研究指出，在互联网的推动下，企业可以比较容易进行前瞻型研发与精准预测，进而加速产业的转型升级。福尔曼和兹邦卡克（Forman and Zeebroeck，2015）调查了基本互联网接入对美国特定研究与开发（R&D）机构发明的专利引用同一公司内其他机构发明专利的可能性的影响，探讨了企业内部互联网采用对知识溢出的影响，研究发现，互联网的使用在很大程度上促进了跨地点的引用，并且这些影响与机构的技术接近度成正比。这种积极的影响甚至在排除合作专利或控制早期合作时也成立，表明使用互联网有助于减少知识的空间定位。

从微观企业层面的互联网资源与互联网运用能力研究上，格拉瓦斯和马修斯（Glavas and Mathews，2014）基于对国际创业案例的分析，发现企业主动性、创新性有助于其表现出互联网能力。雷查夫和阿吉雷乌雷塔（Reychav and Aguirre-Urreta，2014）探讨了以色列的药理学和信息技术领域研发公司工作的工程师和科学家基于互联网的知识搜索模式，揭示了研发人员如何通过互联网促进其他研究人员的被动和主动的交流模式来感知获取所需知识的相对优势。洛佩兹·尼古拉斯等（Lopez-Nicolas et al.，2010）研究了信息通信技术（ICT）的采用和使用对知识创造四个过程（社会化、外部化、组合和内部化）的影响，研究结果表明，信息通信技术对知识创造的四个过程具有显著的正向影响，而面向通信和工作流的信息通信技术被发现除了社会化过程外，对知识创造过程产生显著的积极影响（尼古拉斯·洛佩斯和索托·阿科斯塔，2010）。费尔南德斯等（Fernández-Mesa et al.，2014）研究认为，信息技术能力在内部和外部学习能力中起着关键的作用，进而影响组织创新的成功。马尔克斯宫等（Palacios-Marqués et al.，2015）基于技术—组织—环境（TOE）框架，检验不同的情境因素对中小企业网络知识交换的影响，研究显示，信息技术专长和基于承诺的人力资源实践正向影响网络知识交换，而竞争与网络知识交换之间存在负相关关系。索托·阿科斯塔等（Soto-Acosta et al.，2016）研究认为，影响电子商务使用的因素来自技术和内部组织资源，而不是来自外部压力，电子商务使用有助于通过组织创新促进企业绩效。此外，他们还指出，网络知识共享对组织创新有正向影响，但并未发现信息技术（IT）对这一关系的调节作用。

2.4.2　国内对互联网与企业知识管理的研究

从宏观互联网层面，我国学者王金杰等（2018）考察了宏观互联网环境对微观企业创新绩效的影响及其作用机理，研究表明，互联网正向影响企业创新绩效，在创新方式上互联网放大了技术人员与研发资金投入对企业创新绩效的正向作用，减弱了传统的公司治理对创新绩效的影响。胡刁锋和刘国亮（2015）研究认为，隐性知识共享内容、移动互联网环境、移动互联网技术有助于提升隐性知识共享意愿，且隐性知识共享意愿与移动互联网技术有助于促进隐性知识共享行为。刘玉国等（2016）通过互联网嵌入考察个体与互联网之间的关系，认为个体应用互联网的频率越多越有更多机会接收创业相关情报信息，并通过创业学习进一步促进创业团队对资源的获取。关辉国等（2018）通过实证研究表明，互联网环境下顾客不同形式的参与通过不同的知识创造形式间接作用于知识创造绩效。

从微观企业层面的互联网资源与互联网运用能力研究上，张涛和庄贵军（2017）研究指出，制造商的信息技术设备资源正向影响其收集信息的效率，但对共享信息的效率没有显著影响；制造商的信息技术人员资源正向影响其收集信息与共享信息的效率。曾萍等（2011）研究指出，信息技术基础对于组织间的知识共享以及组织内非正式知识共享有促进作用，但对于组织内正式的知识共享却没有显著影响。王永健等（2012）表明，信息技术是战略柔性得以实现的手段和工具，探索式学习在信息技术能力与先动柔性、响应柔性的关系中起显著的部分中介作用，利用式学习的中介作用不明显。卢艳秋等（2017）研究认为，知识导向信息技术能力与知识管理战略的匹配更能促进技术创新绩效。胡乐炜等（2018）研究发现，知识共享能力在信息技术整合和竞争绩效间起到中介传递作用；关系治理正向调节了信息技术整合与知识共享能力的关系；环境动荡性对知识共享能力促进竞争绩效的过程产生正向调节影响。杜维等（2010）以我国东部、中部、西部的397家企业为样本，研究发现，信息技术能力能够通过中介变量知识管理战略对组织绩效产生正向影响。谢卫红等（2014）研究指出，信息技术能力对二元式学习与突破式创新有显著正向影响，信息技术能力通过二元式学习部分中介作用于突破式创新。崔瑜等（2013）研究认为，学习导向战略对信息技术能力和组织绩效有显著正向影响，信息技术能力各个构面对组织绩效有不同程度的正效应。王春燕和张玉明（2018）实证研究了互联网环境对创新绩效的作用机理，研究结果表明，企业互联网整合性、灵活性以及开放广度对创新绩效产生显著的正向影响；创新环境在互联网灵活性、整合性与创新之间起到正向调节作用，吸收能力在一定程度上对互联网灵活性、整合性与创新绩效之间起到调节作用。

2.4.3　研究述评

从互联网与企业知识管理的相关研究综述中可以看出，国内外关于互联网对企业知识管理的研究，大多肯定了互联网应用、信息技术能力、互联网环境对企业知识交换、知识共享、组织学习等的影响，且相关研究也表明了环境相关的权变因素在其中可能发挥着作用。但是对于企业应当如何利用互联网推动知识创造价值链每一个环节的研究还比较少。虽然现有研究肯定了组织内外部权变因素可能对互联网应用推动企业知识管理过程产生影响，但是对于组织内外部权变影响因素的考虑还相对较少，现有研究考虑了环境动态性、创新环境、关系治理等因素的调节作用，并未考虑如企业所处产业链信息化密度、学习导向等因素的作用，从而未能全面理解不同环境因素可能带来的不同影响，因此，有必要更全面地考虑其他环境因素，以利于企业理解环境及构建与之匹配的组织能力。

2.5　有待进一步研究的问题

综上所述，在互联网和企业知识创造理论方面，国内外学者已经开展了多方面的研究与实践探索，为本书研究打下了坚实的基础，但仍存在一些问题值得进一步深入探讨。

（1）互联网的不同侧重面对知识创造价值链不同阶段的影响。当前，随着互联网的兴起与不断发展，对企业知识创造的研究已经从以往的考虑集群环境、企业嵌入的网络环境、超越地理边界的超本地网络环境等相关的情景因素转向互联网环境下的企业知识管理研究。但组织如何应用互联网推动知识创造价值链不同阶段的进行还没有被完全认识，大部分相关研究只是针对知识创造价值链的某一个环节进行研究，且多笼统讨论企业层面的互联网使用和信息技术能力等对知识管理的影响。而实际上，互联网资源、互联网能力的定义较为宽泛，可进行细分，如果只是笼统地将其统称为互联网资源或者能力则会削弱研究成果的理论与实际意义。考虑知识创造价值链不同阶段不同类型互联网资源与能力所起的作用，则有助于更全面地了解企业如何通过发展互联网资源和构建互联网能力提升知识创造及其绩效实现，对企业实践指导更具有针对性。

（2）组织内外权变因素在互联网与知识创造价值链不同阶段影响中的作用。对组织内外部因素的分析，给信息技术能力理论的发展提供了新的思路与建议。当考虑互联网在现实情况中的应用时，应当从组织内外部去探索可能影响研究结果的内外部因素。这既是研究的客观需要，也是战略环境批评理论的要求。同时互联网资源与互联网运用能力在影响知识创造价值链的过程是复杂的，只有与其他资源、能力相结合，互联网才能发挥最大的作用，这也是未来研究互联网资源、能力必要的方向之一。已有研究指出，信息系统资源对竞争地位与绩效的影响往往是直接或间接通过与其他变量之间的相互作用而产生，表明在考虑知识创造价值链不同阶段互联网资源或能力影响的同时，不能够将其同组织中其他的能力割裂开来。同时，已有研究也指出，组织内部能力只有与外部环境相匹配才能最大限度发挥作用，因此，考虑内外部环境因素在其中的作用不可忽视。

由此，本书提出了关于互联网背景下企业知识创造及其绩效实现的研究主题。试图从理论层面对互联网背景下企业间协同知识创造博弈情况、互联网环境下企业知识创造特征、驱动因素以及互联网对知识创造过程的影响机制进行理论分析；从实践层面通过实证研究分别探讨互联网资源影响企业知识创造、互联网整合能力影响企业知识生成、互联网应用能力影响企业知识创造绩效的作用机理，以及互联网能力、知识能力这两种企业内部因素的交互作用对知识创造绩效的传导机制。并在实证研究过程兼顾组织内外部因素的调节作用，以较为深入地揭示互联网环境下企业知识创造及其绩效实现的内在机理，为企业利用互联网资源、能力提升知识创造的管理实践提供理论支撑与实证依据。

2.6 本章小结

从本章对于相关理论梳理和文献综述可以看出，关于互联网与企业知识管理等方面的相关研究已经具有丰富的研究成果，为本书的研究提供了扎实的理论基础，同时也为本书后续的研究提供了思路。本章第一节对资源基础理论、知识创造理论、创新价值链理论、权变理论进行了梳理，了解了与本书相关的理论发展及其演变过程；第二节概述了互联网的资源观及其演化，在此基础上对互联网资源、能力的内涵进行梳理，并对其进行了研究述评；第三节梳理了知识创造理论的相关内容，对知识创造内涵进行阐述，并从知识创造环境维度、知识创造过程维度、知识创造能力维度概述了知识创造的影响因素；第四节引出互联网对企业知识管理相关研究，分别从国外、国内视角在互联网对企业知识管理方面的研究进行归纳，并对该部分研究进行述评；第五节提出有待进一步研究的问题。一方面，本书充分肯定了现有研究对本书研究的理论支撑；另一方面也通过对已有研究局限性的分析提出了本书研究的主题以及将重点探讨的问题。

第3章 互联网背景下企业间协同知识创造的演化博弈研究

在第2章中，本书对于互联网与企业知识创造及其绩效实现的相关文献进行梳理总结。不难发现，互联网是对企业发展具有重要影响的社会资源平台，其全面融入企业知识创造与技术创新的各个方面。为进一步了解互联网环境下企业间协同知识创造的博弈情况，本章将研究企业知识创造投入产出比对企业知识创造投入决策的影响，并考虑政府补贴制度和互联网下"声誉惩罚机制"的演化博弈过程。

3.1 引言

知识经济时代，创新是经济发展的主要驱动力，而知识创造是创新实现的原动力。知识创造过程具有复杂、动态、不可预测的特点，而企业自身的创造资源有限，使企业纷纷把视角转向外部，寻求与外部企业协同知识创造，以获取互补资源。因此，协同知识创造已经逐渐成为企业知识创造的主要模式（梁娟和陈国宏，2015）。而互联网的快速发展，为企业间的深度交流与资源共享提供了条件，从而成为企业增进知识创造的场所。而在协同知识创造的过程中，参与合作的企业需要投入资金、人力、知识资本等要素，然后由不同主体企业对投入的要素进行创造性的利用和集成，进而创造出新的知识成果，为企业的创新产出提供基础（姚家万和欧阳友权，2015）。然而，企业间的协同知识创造过程是不断地知识交换和整合的过程，随着企业间知识交换的增多，难免存在一些潜在的机会主义行为，例如知识泄露、"搭便车"行为等问题，知识创造在为企业带来价值的同时也存在风险（周全和顾新，2013）。因此，需要借助政府的适度干预、网络环境下的监督和企业的自我约束，促使企业主动进行知识创造投入，促进新知识的创造，从而使企业更容易抓住市场机会，提升企业的创新能力，进而提高企业整体的竞争优势。因此，本书将从企业间协同知识创造过程中的内外部治理因素相结合的角度探讨企业的协同知识创造资源投入行为。

目前，众多学者从博弈论的视角对协同知识创造问题进行探讨。梁娟等（2014）通过对比不同网络联结状态下协同知识创造伙伴选择的问题，发现知识创造伙伴选择过程中由于信息不对称导致的逆向选择问题，并提出使用信号传递博弈解决逆向选择问题；韩晓琳和张庆普（2011）等通过构建两个企业间知识创造利益分配的合作博弈模型，试图解决企业间的利益分配问题，提高企业间的知识创造绩效；姚家万和欧阳友权（2015）通过构建创新集群企业合作知识创造的博弈模型，发现采取集成管理的模式可以克服知识创造过程中企业的机会主义行为；萨姆达和卡迪亚拉等（Samaddar and Kadiyala et al.,2006）运用主从博弈研究了跨组织间合作知识创造的资源投入决策问题，探讨组织在资源投入决策中的最优参与率；丁和黄等（Ding and Huang et al.,2010）通过构建一个领导组织和一个从属组织合作知识创造的主从博弈模型，分析了知识溢出对企业资源共享决策的影响；吴文清等（2015）通过建立孵化器与创投多阶段重复主从博弈模型，考虑学习因素等对双方协同知识创造的作用，并探讨双方的最优参与度和最优投入；李柏洲等（2015）通过演化博弈模型分析了不同条件下知识创造行为与组织惯例达到均衡的演化稳定策略。综上可知，尽管当前的研究成果较为丰富，但都没有考虑到企业协同知识创造过程中为知识创造构建时空、文化环境时需要较大的成本投入，与创造的新知识能为企业带来的收益之间的投入—产出关系对企业知识创造决策的影响（萨姆达和卡迪亚拉，2006），且鲜有考虑政府干预和当前互联网背景下的"声誉机制"对企业间知识创造行为决策的影响。另外，现实中企业往往是有限理性的参与者，很难通过一次决策作出最优选择，因而运用演化博弈分析企业在知识创造投入中的行为策略，更能反映企业在现实中的决策行为，分析所得的结果更具现实意义。因此，本书将通过演化博弈的方法研究企业的知识创造投入问题，通过引入知识创造投入产出比，分析博弈双方的行为策略，并考虑政府补贴措施和当前互联网背景下的"声誉惩罚"对演化结果的影响。

3.2　演化博弈模型构建

3.2.1　基本假设和模型建立

假设存在企业 A 和企业 B，它们由于创新发展的需要协同知识创造。企业 A 和企业 B 都是有限理性的参与者，它们考虑长期合作，并根据环境变化不断修正自身的策略，直到稳定均衡为止。假设如下。

（1）企业 A 和企业 B 的策略选择为进行知识创造投入或不进行知识创造投入。企业间协同知识创造过程中的知识创造投入包括知识创造过程所需的人才资源、与知识创造相关的企业显隐性知识、相关的设备或物资支持以及资金投入等。

（2）如果企业 A 和企业 B 都选择不进行知识创造投入，则它们可以获取正常收益，分别为 U_A、U_B，且 U_A、$U_B > 0$。

（3）如果企业 A 和企业 B 都选择进行知识创造投入，则最终企业双方的创新能力得到提高，企业的竞争优势得到提升，此时博弈双方的收益分别为 $U_A + \eta_A V_A - C_A$、$U_B + \eta_B V_B - C_B$。其中，η_A、η_B 分别表示企业 A 和企业 B 的投入产出比，代表企业的知识创造投入的增加给企业带来的收益增加比例。V_A、V_B 分别表示协同知识创造中企业 A 和企业 B 的资源投入量。C_A、C_B 分别表示企业 A 和企业 B 的知识创造投入成本，C_A、$C_B > 0$。

（4）当只有企业 A 选择进行知识创造投入时，其创造的新知识使其能更快适应快速市场的变化，竞争力得到提升，此时企业 A 的收益为 $U_A + \eta_A V_A - C_A$，而企业 B 则由于企业 A 创造的知识溢出或者知识泄露而受益，其机会主义行为使其获得了比不投入时更多的收益，收益假设为 G_B，且 $G_B > U_B + \eta_B V_B - C_B$。

（5）当只有企业 B 选择进行知识创造投入时，它的投入使企业新产品和服务的导入水平得到提升，企业的市场竞争力得到提升，此时企业 B 的收益为 $U_B + \eta_B V_B - C_B$，而企业 A 则由于企业 B 创造的知识溢出或者知识泄露而受益，其机会主义行为获得的收益为 G_A，且 $G_A > U_A + \eta_A V_A - C_A$。

根据以上假设，建立博弈支付矩阵如表 3－1 所示。

表 3 - 1 博弈支付矩阵

企业 A ＼ 企业 B	投入	不投入
投入	$U_A + \eta_A V_A - C_A,\ U_B + \eta_B V_B - C_B$	$U_A + \eta_A V_A - C_A,\ G_B$
不投入	$G_A,\ U_B + \eta_B V_B - C_B$	$U_A、U_B$

3.2.2 演化博弈均衡点

假设企业 A 在协同知识创造过程中选择进行知识创造投入的概率为 p，企业 B 选择进行知识创造投入的概率为 q，$0 \leqslant p、q \leqslant 1$，由表 3 - 1 可得，企业 A 选择进行知识创造投入的收益为：

$$\pi_{Ax} = q(U_A + \eta_A V_A - C_A) + (1 - q)(U_A + \eta_A V_A - C_A)$$

选择不进行知识创造投入的收益为：

$$\pi_{An} = qG_A + (1 - q)U_A$$

平均收益为：

$$\overline{\pi_A} = p\pi_{Ax} + (1 - p)\pi_{An}$$

企业 A 在协同知识创造过程中选择进行知识创造投入的概率随时间变化的复制动态方程为：

$$\dot{p} = \frac{dp}{dt} = p(\pi_{Ax} - \overline{\pi_A}) = p(1 - p)[\eta_A V_A - C_A - q(G_A - U_A)]$$

同理可以得到企业 B 的复制动态方程为：

$$\dot{q} = \frac{dq}{dt} = q(\pi_{Bx} - \overline{\pi_B}) = q(1 - q)[\eta_B V_B - C_B - p(G_B - U_B)]$$

为便于分析，令 $p^* = \frac{\eta_B V_B - C_B}{G_B - U_B}$，$q^* = \frac{\eta_A V_A - C_A}{G_A - U_A}$，$\theta_1 = \frac{C_A}{V_A}$，$\theta_2 = \frac{G_A - U_A + C_A}{V_A}$，$\delta_1 = \frac{C_B}{V_B}$，$\delta_2 = \frac{G_B - U_B + C_B}{V_B}$，可得命题 1。

命题 1： 系统的演化均衡点为 (0，0)，(0，1)，(1，0)，(1，1)。当 $\theta_1 < \eta_A < \theta_2$，$\delta_1 < \eta_B < \delta_2$ 时，$(p^*，q^*)$ 也是系统的均衡点。

证明：令 $\dot{p} = 0$，$\dot{q} = 0$，得到四个均衡点 (0，0)，(0，1)，(1，0)，(1，1)。当 $\theta_1 < \eta_A < \theta_2$，$\delta_1 < \eta_B < \delta_2$ 时，$p^* = \frac{\eta_B V_B - C_B}{G_B - U_B} \cap (0，1)$，$q^* = \frac{\eta_A V_A - C_A}{G_A - U_A} \cap (0，1)$，因此，$(p^*，q^*)$ 也是系统的均衡点。

3.2.3 均衡点的稳定性分析

根据弗里德曼（Friedman，1991）的研究方法，微分系统中均衡点的稳定性可以从该系统对应的雅可比矩阵的局部稳定分析得出，即：

$$J = \begin{bmatrix} \dfrac{\partial \dot{p}}{\partial p}, \dfrac{\partial \dot{p}}{\partial q} \\ \dfrac{\partial \dot{q}}{\partial p}, \dfrac{\partial \dot{q}}{\partial q} \end{bmatrix} = \begin{bmatrix} (1-2p)[\eta_A V_A - C_A - q(G_A - U_A)], -p(1-p)(G_A - U_A) \\ -q(1-q)(G_B - U_B), (1-2q)[\eta_B V_B - C_B - p(G_B - U_B)] \end{bmatrix}$$

其中　　$\det J = (1-2p)(1-2q)[\eta_A V_A - C_A - q(G_A - U_A)]$

$$[\eta_B V_B - C_B - p(G_B - U_B)] - pq(1-p)(1-q)(G_A - U_A)(G_B - U_B)$$

$$\text{tr}J = (1-2p)[\eta_A V_A - C_A - q(G_A - U_A)] +$$

$$(1-2q)[\eta_B V_B - C_B - p(G_B - U_B)]$$

根据 η_A、η_B 的取值范围和 $\det J$ 和 $\text{tr}J$ 的取值符号，得到上述均衡点的局部稳定如表 3-2、表 3-3 所示。

表 3-2 不同情况下均衡点的稳定性

均衡点 (p, q)	$0 < \eta_A < \theta_1$, $0 < \eta_B < \delta_1$			$0 < \eta_A < \theta_1$, $\delta_1 < \eta_B < \delta_2$			$\theta_1 < \eta_A < \theta_2$, $0 < \eta_B < \delta_1$		
	detJ	trJ	局部稳定性	detJ	trJ	局部稳定性	detJ	trJ	局部稳定性
(0, 0)	−	+	ESS	N		鞍点	N	−	鞍点
(0, 1)	N	−	鞍点	−	+	ESS	N		鞍点
(1, 0)	N	−	鞍点	N	−	鞍点	−	+	ESS
(1, 1)	+	+	不稳定点	+	+	不稳定点	+	+	不稳定点

注："N" 表示取值符号不确定。

表 3-3 不同情况下均衡点的稳定性

均衡点 (p, q)	$\theta_1 < \eta_A < \theta_2$, $\delta_1 < \eta_B < \delta_2$			$\eta_A > \theta_2$, $\eta_B > \delta_2$		
	detJ	trJ	局部稳定性	detJ	trJ	局部稳定性
(0, 0)	+	+	不稳定点	+	+	不稳定点
(0, 1)	−	+	ESS	N	−	鞍点
(1, 0)	−	+	ESS	N	−	鞍点
(1, 1)	+	+	不稳定点	−	+	ESS
(p^*, q^*)	N	−	鞍点			

注："N" 表示取值符号不确定。

根据表 3-2、表 3-3 的分析结果，可得命题 2。

命题 2：（1）当 $0 < \eta_A < \theta_1$，$0 < \eta_B < \delta_1$ 时，该系统的演化稳定策略为（不投入，不投入）；

（2）当 $0 < \eta_A < \theta_1$，$\delta_1 < \eta_B < \delta_2$ 时，该系统的演化稳定策略为（不投入，投入）；

（3）当 $\theta_1 < \eta_A < \theta_2$，$0 < \eta_B < \delta_1$ 时，该系统的演化稳定策略为（投入，不投入）；

（4）当 $\theta_1 < \eta_A < \theta_2$，$\delta_1 < \eta_B < \delta_2$ 时，该系统的演化稳定策略为（不投入，投入）或（投入，不投入）；

（5）当 $0 < \eta_A < \theta_1$，$\delta_1 < \eta_B < \delta_2$ 时，该系统的演化稳定策略为（投入，投入）。

3.2.4 演化结果分析

根据以上分析，可以得到企业 A 和企业 B 在上述各种情况下的博弈演化过程，如图 3 – 1 所示。

（1）当企业 A 和企业 B 的知识创造投入产出比 η_A、η_B 都比较小，$0 < \eta_A < \theta_1$，$0 < \eta_B < \delta_1$，即 $C_A > \eta_A V_A$、$C_B > \eta_B V_B$，此时博弈双方的知识创造投入给它们带来的收益小于它们为此投入的成本，系统的演化稳定点为（0，0），鞍点为（0，1）和（1，0），不稳定点为（1，1），即企业 A 和企业 B 都选择不进行知识创造投入是进化稳定策略，演化相位如图 3 – 1（a）所示。在企业的实践中，对于新兴企业或者是小型的以价值链低端生产加工为主的企业而言，由于企业规模小、资源有限，如果进行知识创造投入需要付出很大的成本，且从知识创造投入转为实际的企业新产品或者服务的提升需要较长的投资回报期，甚至该成本的投入超过其能获得的收益，则企业进行知识创造投入的动机很小。因此，如果博弈企业双方都是小企业或者新兴企业，其知识创造投入产出比都较小，此时，不进行知识创造投入是博弈双方的演化稳定策略。

（2）当企业 B 进行知识创造的投入产出比 η_B 增大到一定程度，$0 < \eta_A < \theta_1$，$\delta_1 < \eta_B < \delta_2$ 即 $C_A > \eta_A V_A$，$\eta_B V_B > C_B$ 且 $G_B > U_B + \eta_B V_B - C_B$，企业 A 的投入产出比不变，其进行知识创造投入所获得的收益小于投入的成本，而企业 B 进行知识创造投入获得的收益大于所投入的成本但却小于其机会主义行为带来的收益，此时系统的演化均衡点为（0，1），鞍点为（0，0）和（1，0），不稳定点为（1，1），即企业 A 不会进行知识创造投入，而企业 B 进行

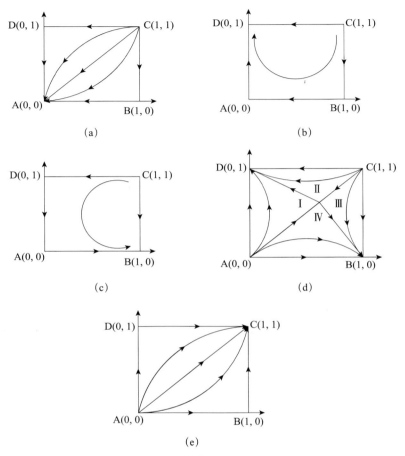

(a)　　　　　　　　　(b)

(c)　　　　　　　　　(d)

(e)

图 3-1　各种情况下的演化相位

知识创造投入是演化稳定点，此时企业 B 的机会主义行为无法实现，演化相位如图 3-1（b）所示。在企业实践中，当处于核心地位的企业已经初具规模且拥有一定的市场占有率，企业的人才资源、知识资本较为丰富，资金实力较为雄厚，此时企业更加重视知识创造投入给它带来的竞争优势的提升，例如新知识的产生使企业更容易抓住市场机会、企业在产品或服务方面创新能力提升使企业能够保持自己的市场地位等。而对于小企业或者新兴企业，其在网络中一直是以价值链低端的制造为主，其在市场中不管是品牌还是产品价格都不具备竞争优势。因而对于处于核心地位的企业 B，其知识创造投入成本虽大，但是其能为企业带来长远的收益，投入产出比高，因而有知识创造投入的动机，而对于小企业或者新兴企业 A，则没有知识创造投入的动机。这就是为什么网络地位越高、企业规模越大、市场占有率越高的企业，越重视知识创造投入，越能实现企业的价值创造。

当企业 A 进行知识创造的投入产出比 η_A 增大到一定程度，$0 < \eta_B < \theta_1$，$\delta_1 < \eta_A < \delta_2$ 时，分析同上，由于篇幅有限，不再赘述，演化相位如图 3 - 1（c）所示。

（3）当企业 A 和企业 B 的知识创造投入产出比分别为 $\theta_1 < \eta_A < \theta_2$，$\delta_1 < \eta_B < \delta_2$，即 $\eta_A V_A > C_A$ 且 $G_A > U_A + \eta_A V_A - C_A$，$\eta_B V_B > C_B$ 且 $G_B > U_B + \eta_B V_B - C_B$，此时博弈双方进行知识创造投入所获得的收益大于投入的成本，而小于采取机会主义行为所得到的收益。此时，系统的演化均衡点为（0，1）和（1，0），即企业 A 进行知识创造投入，企业 B 不进行知识创造投入或者企业 A 不进行知识创造投入，企业 B 进行知识创造投入是演化稳定策略，演化相位如图 3 - 1（d）所示。图 3 - 1（d）由 A（0，0），C（1，1）构成的连线将整个系统分为两个完全不同的演化区域。在区域 I 和区域 II 系统收敛于（不投入，投入），在区域 III 和区域 IV 系统收敛于（投入，不投入）。在企业实践中，当博弈企业双方都具有一定的规模、拥有一定的市场占有率，企业具备进行知识创造投入的人力、物力、财力等资源，双方的知识投入产出比都有所提高，但是知识创造的投入对于企业双方而言都会增大企业的成本，而如果其中一方进行知识创造投入，另一方会因为无意的知识溢出或者有意的知识泄露而从中获利，因而双方都有采取机会主义行为的动机，且当这种机会主义行为给企业带来的收益大于企业自身进行知识创造投入所带来的收益时，企业便会采取机会主义行为。因此，博弈双方知识创造投入长期演化的结果便是：企业 A 进行知识创造投入，企业 B 不进行知识创造投入或者企业 A 不进行知识创造投入，企业 B 进行知识创造投入。

（4）当企业 A 和企业 B 的知识创造投入产出比都比较大，分别为 $\eta_A > \theta_2$，$\eta_B > \delta_2$ 时，即 $U_A + \eta_A V_A - C_A > G_A$，$U_B + \eta_B V_B - C_B > G_B$，此时双方进行知识创造投入所得到的收益大于企业机会主义行为所得到的收益。这时，系统的演化均衡点为（1，1），鞍点为（0，1）和（1，0），不稳定点为（0，0），即博弈双方都进行知识创造投入是系统的演化稳定策略，演化相位如图 3 - 1（e）所示。在企业的实践中，当博弈双方都是核心企业，拥有较大的网络权力，具有一定的市场规模和市场占有率，企业的管理理念和管理模式都较为成熟，且生产、技术设备处于先进水平，因而其知识创造投入产出比都较大，甚至大于它们的机会主义行为所带来的收益，则博弈双方最终的演化均衡是都进行知识创造投入。

3.3　考虑互联网环境下的"声誉惩罚"和"政府补贴"的演化博弈分析

由上述分析可以发现，当企业进行知识创造的投入产出比较小，使知识创造投入所获得的收益远小于企业投入的成本，或者是企业采取机会主义行为所获得的收益大于企业进行知识创造投入所能获得的收益时，企业的最终博弈演化结果为选择不进行知识创造。而当前我国进入互联网时代，在这一背景下企业间可以建立声誉约束机制，对于采取机会主义行为的企业，通过企业网络内的"声誉破坏"进行惩罚。通过"破坏"具有机会主义行为企业的名声，来达到约束企业行为的目的。在互联网时代，口碑、声誉是企业在网络中寻求合作的重要资本，是企业至关重要的无形资产。拥有好声誉的企业更能吸引投资、合作伙伴，降低合作伙伴的沟通、互动、搜寻成本（王重鸣和吴挺，2016）。互联网的信息传播速度之快、范围之广，将能有效地约束企业行为，培育企业的互惠意识，促使企业的博弈朝着"投入"的策略演化。而对于网络中知识创造投入产出比较小的企业，为了减少企业的知识创造投入成本，引导企业进行知识创造，政府可以通过补贴机制鼓励企业进行知识创造投入。

3.3.1　互联网背景下声誉惩罚的演化博弈

根据以上分析，当 $G_A > U_A + \eta_A V_A - C_A > U_A$ 且 $G_B > U_B + \eta_B V_B - C_B > U_B$ 时，网络中协同知识创造的企业双方都有采取机会主义行为的动机而不进行知识创造，则其将会受到企业网络的"声誉破坏惩罚"，在互联网背景下这种声誉破坏的作用范围不仅限于企业所在的区域范围，可以超越地理边界在互联网络中发挥作用，假设声誉破坏给企业造成的损失为 E，此时企业知识创造投入的收益支付矩阵如表 3-4 所示。

表 3-4　　　　　　　惩罚机制下的博弈支付矩阵

企业 A ＼ 企业 B	投入	不投入
投入	$U_A + \eta_A V_A - C_A$，$U_B + \eta_B V_B - C_B$	$U_A + \eta_A V_A - C_A$，$G_B - E$
不投入	$G_A - E$，$U_B + \eta_B V_B - C_B$	U_A、U_B

此时，企业 A 和企业 B 的复制动态方程为：

$$\dot{p} = \frac{dp}{dt} = p(1-p)\left[\eta_A V_A - C_A - q(G_A - U_A - E)\right]$$

$$\dot{q} = \frac{dq}{dt} = q(1-q)\left[\eta_B V_B - C_B - p(G_B - U_B - E)\right]$$

令 $p_1^* = (\eta_A V_A - C_A) / (G_A - U_A - E)$，$q_1^* = (\eta_B V_B - C_B) / (G_B - U_B - E)$，得到命题 3。

命题 3：此时系统的均衡点为（0，0），（1，0），（0，1），（1，1）。（p_1^*，q_1^*）也为系统的均衡点，当且仅当以下不等式成立：

$$\max\left[G_A - (U_A + \eta_A V_A - C_A), G_B - (U_B + \eta_B V_B - C_B)\right] < E < \min(G_A - U_A, G_B - U_B)$$

命题 4：均衡点（1，1）为系统唯一的 ESS 的充要条件是：

$$E > \max\left[G_A - (U_A + \eta_A V_A - C_A), G_B - (U_B + \eta_B V_B - C_B)\right]$$

证明：从表 3 - 5 的均衡点分析可知，要使均衡点（1，1）为系统唯一的演化稳定点需满足的充要条件为：detJ > 0，trJ < 0，即：

$$\left[\eta_A V_A - C_A - (G_A - U_A - E)\right]\left[\eta_B V_B - C_B - (G_B - U_B - E)\right] > 0$$ 且 $$-\left[\eta_A V_A - C_A - (G_A - U_A - E)\right] - \left[\eta_B V_B - C_B - (G_B - U_B - E)\right] < 0$$，因而需满足：

$\eta_A V_A - C_A - (G_A - U_A - E) > 0$ 且 $\eta_B V_B - C_B - (G_B - U_B - E) > 0$，所以可得 $E > \max\left[G_A - (U_A + \eta_A V_A - C_A), G_B - (U_B + \eta_B V_B - C_B)\right]$，此时系统的稳定点为（1，1），鞍点为（0，1）和（1，0），不稳定点为（0，0）。

表 3 - 5 系统均衡点分析

均衡点	detJ	trJ
（0，0）	$(\eta_A V_A - C_A)(\eta_B V_B - C_B)$	$(\eta_A V_A - C_A) + (\eta_B V_B - C_B)$
（0，1）	$-\left[\eta_A V_A - C_A - (G_A - U_A - E)\right](\eta_B V_B - C_B)$	$\left[\eta_A V_A - C_A - (G_A - U_A - E)\right]$ $- (\eta_B V_B - C_B)$
（1，0）	$-(\eta_A V_A - C_A)\left[\eta_B V_B - C_B - (G_B - U_B - E)\right]$	$-(\eta_A V_A - C_A) + \left[\eta_B V_B - C_B - (G_B - U_B - E)\right]$
（1，1）	$\left[\eta_A V_A - C_A - (G_A - U_A - E)\right]\left[\eta_B V_B - C_B - (G_B - U_B - E)\right]$	$-\left[\eta_A V_A - C_A - (G_A - U_A - E)\right]$ $-\left[\eta_B V_B - C_B - (G_B - U_B - E)\right]$

通过上述分析发现，当企业 A 和企业 B 都不进行知识创造投入，都有采取机会主义行为的动机时，只要"声誉破坏惩罚"力度 E 大于企业 A 和企业 B 采取"搭便车"行为所得收益与企业自身进行知识创造的净收益之

差时，博弈企业双方都倾向于进行知识创造投入。在互联网的背景下，企业的"声誉破坏"将在大范围（甚至超出企业所在的地理边界）发挥作用，对企业的影响不只是声誉，甚至是企业未来的知识创造伙伴选择以及企业的一系列商业活动都将受到影响，因此，这种惩罚力度从长远来看对企业的影响是巨大的，超过企业采取机会主义行为所获得的眼前利益。所以本书认为，从长远来看，这种"声誉惩罚机制"能够有效约束企业的机会主义行为，培养企业间的互利互惠意识，提高彼此的信任程度，有利于企业间的协同知识创造。

3.3.2 政府补贴干预下的演化博弈

当企业 A 和企业 B 进行知识创造的投入产出比都较小，即 $0 < \eta_A < \theta_1$、$0 < \eta_B < \delta_1$ 时，博弈双方的知识创造投入给它们带来的收益小于它们为此投入的成本，政府可以采取补贴机制鼓励和引导企业进行知识创造。在这种情况下，如果企业 A 和企业 B 都选择进行知识创造投入的策略，则政府会给予相应的补贴鼓励，假设补贴值为 F，此时企业知识创造投入的收益支付矩阵如表 3 – 6 所示。

表 3 – 6　　　　　　　　补贴机制下的博弈支付矩阵

企业 A ＼ 企业 B	投入	不投入
投入	$U_A + \eta_A V_A - C_A + F$, $U_B + \eta_B V_B - C_B + F$	$U_A + \eta_A V_A - C_A + F$, G_B
不投入	G_A, $U_B + \eta_B V_B - C_B + F$	U_A、U_B

此时，企业 A 和企业 B 的复制动态方程为：

$$\dot{p} = \frac{dp}{dt} = p(1-p)[\eta_A V_A - C_A + F - q(G_A - U_A)]$$

$$\dot{q} = \frac{dq}{dt} = q(1-q)[\eta_B V_B - C_B + F - p(G_B - U_B)]$$

$$p_2^* = (\eta_A V_A - C_A + F)/(G_A - U_A), \quad q_2^* = (\eta_B V_B - C_B + F)/(G_B - U_B)$$

命题 5：此时系统的均衡点为 $(0, 0)$，$(1, 0)$，$(0, 1)$，$(1, 1)$。(p_2^*, q_2^*) 也为系统的均衡点，当且仅当以下不等式成立：

$$\max[C_A - \eta_A V_A, C_B - \eta_B V_B] < E < \min[G_A - (U_A + \eta_A V_A - C_A),$$
$$G_B - (U_B + \eta_B V_B - C_B)]$$

命题 6：均衡点 $(1, 1)$ 为系统唯一的 ESS 的充要条件是：

$$F > \max\left[\, G_A - (U_A + \eta_A V_A - C_A)\,,\, G_B - (U_B + \eta_B V_B - C_B)\,\right]$$

证明同命题 4。

命题 6 表明，当企业 A 和企业 B 进行知识创造的投入产出比都较小时，如果政府的补贴能够弥补企业进行知识创造投入可能的损失，且该补贴的数额足够大，使企业的投机行为所获得的收益比其进行知识创造投入所获得的收益小。这样才能发挥有效作用，使企业有进行知识创造的动机。

3.4　结论

本书通过构建企业间知识创造投入的演化博弈模型，研究了企业间的知识创造投入行为决策。研究结果表明，企业的知识创造投入决策受到企业的知识创造投入产出比的影响。随着博弈双方知识创造投入产出比的变化会出现（不投入，不投入）、（不投入，投入）、（投入，不投入）、（投入，投入）四种不同的演化稳定策略。当博弈一方的机会主义行为使其从对方的知识创造投入中获益较大时，则博弈企业没有动机进行知识创造投入，知识创造的积极性降低。而在互联网的背景下，声誉作为企业至关重要的无形资产，声誉破坏将对企业产生巨大的影响。因此，对企业的"声誉惩罚"能够在大范围内产生作用，且当前互联网下信息的传播速度以纳秒计算，影响可超出区域甚至达到全球范围。因此，本书认为，从长远来看，声誉惩罚机制能够有效地约束企业的机会主义行为，培育企业间的互惠意识。而对于知识创造投入产出比较小的企业，政府应当给予足够多的补贴以弥补企业进行知识创造投入可能造成的损失，甚至大于企业投机行为可获得的收益，以便发挥有效作用。

本书研究仅考虑了企业成员之间的协同知识创造问题，现实中企业知识创造源除了成员企业还有学研机构等，因此，未来研究应当关注企业同多个知识网络成员协同知识创造的机理、模式和策略。同时，当前我国进入互联网时代，互联网这一情景因素不可避免地会对企业知识创造的各个环节产生影响，未来的研究应当关注这一情景因素带来的影响。

3.5　本章小结

本章以演化博弈模型为主要理论工具，研究企业知识创造投入产出比对企业知识创造投入决策的影响，并考虑政府补贴制度和互联网背景下"声誉惩罚机制"的演化博弈过程。研究结果表明，企业的知识创造投入策略随着双方知识创造投入产出比的变化而出现不同的演化稳定策略。当企业具备知识创造能力，却选择机会主义行为时，如果互联网下的"声誉破坏制度"能够大范围地产生作用，对企业有足够大的惩罚，将能够有效地约束企业的机会主义行为，培养企业的互惠意识。而对知识创造投入产出比较小的企业，政府应给予足够多的补贴，鼓励其进行知识创造投入，以提升企业的创新能力，实现企业的转型升级和可持续发展。这些理论分析有助于对现实的理解，并为从企业角度分析互联网背景下企业的知识创造行为奠定基础。

第4章 互联网背景下企业知识创造的相关理论分析

在第3章中，本书对互联网背景下企业间协同知识创造的演化博弈情况进行探讨，发现互联网作为环境要素，影响着企业间协同知识创造时的投入决策。而如今互联网已经成为融入企业创新系统的战略性社会资源。要深入了解互联网资源、能力如何影响企业知识创造价值链的每一个环节，弄清互联网背景下企业知识创造的特征及其驱动因素是首要前提。故本章在文献分析的基础上，首先结合互联网背景，从知识创造主体、知识创造客体、环境因素三个方面分析了互联网背景下企业知识创造的特征，在此基础上提炼出互联网对企业知识传播和知识创造的四大驱动因素；其次从互联网技术、互联网平台、互联网思维三个方面分析互联网对企业知识创造过程的影响机制；最后从宏观互联网层面的分析过渡到从微观企业层面的互联网资源和能力视角来分析互联网对企业知识创造过程的影响，为后续的实证研究做了理论铺垫。

4.1 引言

在知识经济社会，知识是企业至关重要的战略性资产（Drucker，1992），是企业保持竞争力、实现创新的必然选择，而知识创造是企业创新和获取持续竞争力的源泉。知识创造过程具有复杂、动态、不可预测的特点，由于企业自身的创造资源有限，便纷纷把视角转向外部，寻求获取外部知识资源与内部资源相结合，推动知识创造。而互联网的兴起和高速发展，无疑为企业有效获取和整合内外部知识资源提供了良好的契机。

国家层面的"互联网＋"建设使互联网这一机会要素在企业的创新实践及其相关研究中显得尤为重要（王重鸣和吴挺，2016）。这里所提的互联网并不是简单的"信息传递工具"，而是能够对传统的产业基础实施"创造性破坏"、对传统企业的经营模式、价值创造方式产生"颠覆性影响"的利器（赵振，2015）。互联网的发展，加速了全球竞争的步伐，从根本上降低了企业间合作与竞争的地理障碍，使企业可以通过建立虚拟网络形成更大范围的竞争与合作。在互联网的背景下，企业的知识创造行为逐渐突破地理位置、时间、参与主体的限制，形成更加广泛的合作，从更广泛的范围获取企业所需的知识，实现知识的交换与共享。由此可见，在互联网的冲击下，企业的知识传播和知识创造的模式、机理正发生巨大的变化。

当前对于互联网背景下企业知识创造的特征、驱动因素以及互联网对企业知识创造过程影响的研究还较为少见。在微观层面，对知识创造的研究主要集中在知识创造的内涵（帕伦特等，2000）、知识创造的影响因素（冯长利，2016）、知识创造过程及模型（Sherif and Xing，2006；李民等，2015）等方面。而在宏观层面，知识创造研究主要考虑集群环境（Arikan，2009）、企业嵌入的网络环境（郑向杰和赵炎，2013）、超越地理边界的超本地网络环境（Zhu et al.，2006；Colomo – Palacios et al.，2012）等相关的情景因素对企业知识创造活动的影响，较少关注互联网情景这一宏观层面的因素可能对知识创造活动产生的影响。由此，本章试图回答以下四个问题：（1）互联网背景下企业的知识传播与创造过程呈现什么新的特征？（2）互联网对企业知识传播与知识创造的驱动因素体现在哪些方面？（3）互联网对企业知识创造过程影响机制如何？（4）微观企业层面的互联网资源与能力如何影响企业知识创造过程？

4.2　互联网背景下企业知识创造的特征

互联网使企业可以跨越传统的边界、不必考虑企业的规模，在区域范围、国家范围其至全球范围内参与合作与竞争。虽然区域经济学的研究强调本地化、专业化对知识传播和创造的重要性，但是互联网的发展，正在引入一种新的竞争格局，促使企业可以通过构建跨越边界的虚拟网络进行商业经营与价值创造（恩格，2004；赵振和彭毫，2018）。在以"时基竞争"为特征的动荡环境中，知识对于企业获取竞争优势的重要性不言而喻，如何适应情境的需要高效率地创造出新知识，是企业获取持续竞争优势的关键（Eisenhardt and Martin，2000）。在互联网的背景下，企业的知识传播和知识创造呈现出新的特征。理解和把握这些新的特征,对于企业更好地迎接互联网带来的机遇与挑战,从而实现知识创造具有重要意义。因此,本部分基于对相关文献的阅读和总结梳理,将对互联网背景下,企业知识创造的主体、知识创造客体、知识创造环境因素三个方面所呈现的新特征进行阐述。

4.2.1 知识创造主体

知识创造过程具有复杂性的特点,且受到多方面因素的影响。企业自身的创造资源有限,使企业纷纷寻找外部协同知识创造伙伴,以获取互补知识。因此,协同知识创造已经逐渐成为企业知识创造的主要模式(梁娟等,2014)。互联网背景下,企业的协同知识创造主体呈现出跨边界性、多样性、异质性等新特征。首先,随着互联网络的发展和普及,企业可以从更大范围搜索并连接协同知识创造的伙伴,企业协同知识创造的伙伴包括竞争对手、合作伙伴、供应商、零售商,甚至是跨越地理边界和行业边界的相关企业,协同知识创造主体由于知识存量、企业文化背景、商业经历的差异使知识资源具有多元化和异质性的特征。企业可以根据需要建立伙伴连接,通过伙伴间的互动交流获取并积累知识,与企业原有知识整合,在一定的条件下实现知识的质变,"发酵"产生新知识(李宇佳和张向先,2016)。其次,互联网的发展催生了社群的现象,使消费者(顾客)逐渐成为企业价值创造的参与者(罗珉和李亮宇,2015)。弗勒等(Füller et al.,2009)研究认为,顾客价值共创(consumer value co - creation)是由企业引导与发起的,消费者(顾客)通过对新产品创意的产生与评估参与创造过程,并与企业或其他参与顾客互动来创造价值的过程。价值共创反映了价值的创造并非由企业独立完成,而是与包括顾客的多个异质主体在交互中创造的。企业与顾客共同创造的价值远超过单独一方创造的价值。社群平台是顾客参与价值共创的重要平台,在社群平台上,顾客自愿共享信息、知识、想法,通过企业—顾客、顾客—顾客在平台上的互动交流,碰撞出新的知识,为企业知识创造提供新的知识来源。顾客参与企业的知识创造、产品研发、企业创新等过程已经成为一种趋势。网络的普及使顾客的知识、创新观点得以发挥。企业应当充分利用这一"免费"的知识源,推动知识创造。

4.2.2 知识创造客体

在互联网背景下,知识创造客体将呈现出隐性知识显性化更容易、知识内溢与知识外溢范围增大等特征。首先，以往的研究指出，隐性知识显性化是企业知识创造的关键一环（Walsh et al.，2009），众多学者分别从改变组织结构、利用信息技术、营造良好企业文化、建立激励机制等方面提出隐性知识显性化的路径（施琴芬等，2003），归根到底隐性知识显性化最为关键的还是通过沟通互动实现知识的交换和转移，特别是对复杂技术的知识转移。在互联网背景下，协同知识创造主体间的沟通交流跨越了时间与空间的限制，增加了主体间互动交流的频率和次数，促进了知识的传播和转移，使难以形式化表达的隐性知识在多频次的沟通交流中，逐步显性化。其次，互联网的世界是互联互通的，其让跨越地理边界、行业边界，人与人之间的沟通互动更加便利，更加密切，使企业在获取外界的知识内溢（knowledge incoming spillover）的同时，企业本身的知识也在外溢（knowledge outgoing spillover），且这种知识的溢出范围更广，甚至可达到全球范围，为企业提供了更多的创新知识。

4.2.3　知识创造环境

在互联网背景下，企业知识创造的环境因素呈现出虚拟空间与实体空间相互融合、知识创造突破时空约束、互联网下的"声誉机制"可以在某种程度上约束协同知识创造中的机会主义行为等特征。首先，在互联网背景下，实体空间和虚拟空间可以相互连通。借助互联网技术，企业既可以实现在实体空间的知识交换、共享和创造，也可以在虚拟空间通过网络软件，例如群件、在线会议系统等进行知识的交流与创造（孟涛等，2015），且虚实空间相互融合相互连通，企业可以根据需要进行切换（李海舰等，2014）。其次，在互联网背景下，主体间交流的时空界定将被打破。企业内部、企业与其他组织、企业与顾客之间的互动交流跨越时间与空间的约束，可以根据需要随时随地地进行知识的交换与共享，这加快了知识在不同组织、个人间的流动，从而推动知识创造。最后，以往的研究指出，企业间在协同知识创造过程中由于信息不对称存在逆向选择问题（罗和哈桑，2009）。而互联网可以减少信息不对称问题，增加交往双方的信息透明度。且互联网下"声誉机制"可以在大范围内产生影响，在一定程度上可以约束协同知识创造中的机会主义行为。声誉、口碑作为互联网时代企业至关重要的无形资产，是企业获取投资、吸引合作伙伴和顾客的关键因素之一，良好的声誉有利于降低企业的搜索、沟通、互动成本（王重鸣和吴挺，2016）。因此，互联网下"声誉机制"有利于培养企业间的互惠意识和行为规范，企业间的信任程度将得到提高。这种"弱关系下的强信任"使企业可以在大范围内与众多企业建立连接关系，从而获取丰富的异质性知识，这有利于企业的知识创造（赵振，2015）。

4.3 互联网对企业知识传播与知识创造的驱动因素

在如今全球化的环境下，拥有强大的外部联系网络是企业建立和维持竞争优势的关键，更重要的是通过获取网络中有价值的资源，持续地进行资源整合以创造新知识。互联网的发展和普及，为企业获取资源、整合资源、创造新知识提供了最佳环境。理解和掌握互联网为企业知识管理带来的契机，明确其对知识传播和知识创造的驱动因素，有利于企业挖掘互联网中价值创造的要素。

4.3.1 网络开放性

互联网是开放的网络，也是互联互通的网络。它不仅可以使企业内部无缝沟通，也可以使企业与外部组织、客户无缝联系。这有利于促进企业与其他组织之间的资源交换和资源共享，使企业可以访问网络中的异质性知识资源和获取不同的资源组合。通过网络的开放性支持企业的动态学习和探索过程，促使企业可以充分利用外部知识资源，推动内部的知识创造。同时，互联网提高了信息传输的速度和业务流程的透明度，不仅使不同的企业可以很容易地沟通和交换知识，而且可以减少企业的搜寻、谈判成本，降低机会主义行为（Soto-Acosta and Meroño-Cerdan，2008），提高企业对环境变化的适应性。

同时，互联网的开放性促进了企业的跨界学习与跨界发展。跨界是指跨越行业、领域边界的协作，跨界使不同的行业、领域，甚至是不同的文化、思想、意识相互碰撞，使各种看似不相关的元素连接在一起，创造新的价值（李海舰等，2014）。实践中企业跨界的例子，例如阿里巴巴涉足金融领域、腾讯跨界通信行业等。跨界促进了企业跨越领域的学习活动，通过跨越领域的知识流动、知识分享，推动企业的知识创造行为，这有利于企业提高对环境变革的适应能力。

4.3.2 虚拟网络

在互联网背景下，众多组织在虚拟空间聚集，它们利益互补，拥有彼此所需的互补性知识，可以联合共同解决问题。相较于传统企业构建的实体空间中的网络关系，虚拟网络可以容纳更大范围的参与者（包括顾客），并且可以从根本上消除产品或服务的供应商和市场参与者（商业合作伙伴或客户）之间的距离，使彼此间的关系更为紧密（恩格，2004）。通过互联网技术，企业可以预测市场需求和响应顾客的需要。不仅如此，基于互联网虚拟网络的构建成本相比传统实体空间中网络关系的构建成本要便宜很多，这使企业花费较少的成本便可在虚拟网络内同时与大量的组织、个人连接互动，知识、信息的大量聚集产生大范围甚至跨越边界的学习行为，为企业引入多样化的知识（赵振，2015），长期累积下来的知识成为企业知识创造的基础。

可见，基于互联网的虚拟网络为企业在全球范围内与其他实体组织开展知识分享、创造活动开辟了新的途径。企业通过虚拟网络可以同时协调与多个组织之间的业务活动，提高企业的运营效率，也可以同时与多个组织和个人进行知识的传播、扩散、接收和学习，这不仅要求企业提高在互联网中的前端知识搜索能力和后端知识整合能力（Zhu et al.，2006），也要求企业提高学习能力、吸收能力以及知识创造能力，以适应快速变化的环境。

4.3.3　多主体参与

互联网的方便快捷，吸引了众多组织和个人通过网络进行知识信息的交流、分享和创造活动。其中的参与主体包括企业的竞争对手、供应链上的相关企业、其他行业的企业、高校科研院所、中介机构以及顾客等。互联网降低了企业搜索知识、寻找伙伴的成本，提高了信息的传输速度，使更多的主体能够参与知识的分享、创造活动，同时帮助企业建立良好的学习、创新氛围。众多用户通过互联网进行密切的交流互动，参与知识交流、分享活动，使隐性知识的流动更容易，从某种程度上可以增强企业的竞争优势。

互联网的发展加快了知识交流和信息传播的步伐，且互联网对于参与主体的数量、主体交流的时间和空间没有限制。这将有利于增加主体间的交往频率，也有利于主体间信任关系的建立。信任关系对于复杂技术知识的交换至关重要，因为复杂技术通常需要面对面地沟通交流。同时，多主体的参与可以刺激企业之间的探索性学习。多主体的知识传播可能刺激企业对于新技术的采纳、新产品的研发以及提供个性化的服务。多主体的参与也带来了各种组织、个人与资源的组合，促进新知识的创造和企业创新。

4.3.4　定制化解决方案

在互联网时代，以需求为导向的价值创造方式将取代以往以供给为导向的方式（罗珉和李亮宇，2015）。提供定制化、差异化的产品和服务成为企业为消费者价值主张的一部分。由此可见，在互联网背景下，技术、产品、服务都可能要求定制化，而不是标准化的产品、服务或者业务解决方案（罗珉和李亮宇，2015）。而企业在适应或者学习这种定制化要求的商业活动过程中可以获得新的知识。定制化的要求刺激了企业的学习和知识流动，也进一步要求企业能够根据市场要求，快速有效地进行新知识的创造。

互联网延伸了企业之间的接口，促进了业务流程的整合和情报的共享。互联网下的定制化要求促进了企业之间的联合产品开发和供应链的协同合作。相关研究指出，与竞争对手合作开发或者研究新产品可以获取互补性的知识和技术（Pisano，1991）。同时，互联网下的定制化解决方案要求提供个性化的产品、服务，可以减少冗余的信息，提高知识管理和关系管理。互联网使顾客可以自定义信息、产品或服务，根据个人的需求提供相应的服务。互联网下信息、知识快速流动，使企业可以从个性化方案中获得数据并快速作出反应，以适应创新过程，反过来定制化的过程也增加了企业创新的可能性（罗珉和李亮宇，2015）。

前面探讨了互联网对企业知识传播与知识创造的驱动因素，这里对其进行归纳，具体如图4-1所示。

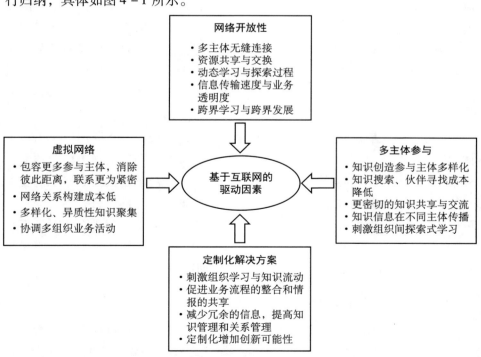

图4-1 互联网对企业知识传播与知识创造驱动因素

4.4　互联网对企业知识创造过程影响机制

　　当前，互联网正以前所未有的速度、深度与广度影响着企业创新活动的推进，已成为提升企业创新效率的强劲动力。当今时代的互联网已不仅是技术系统、应用平台，基于资源观的视角，互联网已成为企业的战略性资源，推动着企业知识管理与技术创新活动向信息化、网络化和智能化方向发展。因此，本书将从互联网技术、互联网平台和互联网思维三个角度，分析互联网对企业知识创造效率与效果的影响机制，即从宏观角度分析互联网为什么会影响企业知识创造及其绩效（庄彩云等，2021）。

4.4.1　互联网技术对企业知识创造过程的影响机制

　　互联网技术促进了知识的传播扩散与增值。首先，互联网技术推动了知识的传播扩散。互联网技术将分布在世界各地的计算机、移动终端以及其他设备连接起来，形成一个克服了时间与空间约束的全球性网络系统，促进知识在全球范围的快速传播，使分散各地的创新活动主体在相同时间可以接收同等质量与数量的知识信息，这有助于新技术、新发明与新组织形态的扩散，使前沿技术的溢出更容易（韩先锋，2018）。其次，互联网技术促进了知识的循环增值。在企业的知识创造与创新过程中，知识是关键的投入要素，参与其中的生产与分配过程，互联网技术使知识信息的传播跨越了传统的传递层级，使知识信息能被高速、准确、即时地传达，增强了创新主体的互动性，促进知识的共享（Czernich et al.，2011；韩宝国和朱平芳，2014）。最后，互联网技术使创新主体的知识、信息、创意与成果在相互启发、竞争过程中交互碰撞，促进各种创新性思维的产生，推动知识信息资源的整合互动效应。在不断积累循环的过程中，知识增值效果不断加强，企业知识创造与创新活动的网络外部效应越加显著，促使企业对新知识创造与新技术研发活动的开展更为容易（韩先锋，2018），这有助于提高企业整体的知识创造效率与效果。

　　互联网技术提高了知识资源的利用效率。企业参与市场竞争的过程中，常常由于信息不对称问题破坏了交易双方的利益平衡，从而使社会公平、公正与资源配置效率的改善受到阻碍（Akerlof，1978）。在前互联网时代，由于信息不对称问题导致不同创新主体间在沟通交流中存在诸如沟通成本高、信息失真等问题，使知识信息无法充分得到共享。而互联网技术的发展极大地降低了企业生产、发布、搜索、传递与获取知识信息的成本，也显著提高了知识信息的沟通效率，改善了市场环境，使企业内外部的交流更为顺畅，降低了企业开展创新活动的成本（李海舰等，2014），同时也激发了大众创新的动机（李景海和林仲豪，2016）。此外，随着互联网、大数据、云计算等技术的深入发展，有助于组织将分散的资源组织起来，为组织内部供给大量资源，这为组织创新活动的参与者搜索所需的知识提供了便利，也促使知识信息的获取、传递、加工更为及时和准确（韩先锋，2018），促进企业创新活动效率的提升，优化知识资源的配置水平，提升对知识资源的利用率，从而改善组织的知识创造效率。

4.4.2　互联网平台对企业知识创造过程的影响机制

互联网平台促进了创新主体的协同创新效应（韩先锋，2018）。在传统的创新活动中，企业间或企业与科研院校间的协同知识创造常因缺乏有效的沟通机制，使创新活动出现脱节现象。在互联网环境下，互联网平台为创新活动中的供需双方提供了零距离的交互平台，有效消除信息不对称现象，提升企业与上下游供应商、合作伙伴、科研院校等不同创新主体间的有效互动，促进信任关系的建立，推动企业将所创造知识转化为产品或者服务。此外，政府部门可通过互联网平台准确获取更多有关创新活动的信息，根据现实需要制定更精确的支持政策，为企业的知识创造活动提供支持。不仅如此，在互联网平台上，消费者的角色在逐渐从创新技术的被动接受者向创新技术的主动推行者转变，使知识创造的参与者不再受限，人人都是创新主体，而创新模式也由技术推动转为需求拉动。在互联网平台上，企业可以寻求跨行业和跨组织的创新协作，任何一个节点的网络使用者的知识资源均可被其他使用者获取并创造价值，促使更多人加入创新网络。因此，通过互联网建立的创新网络更有助于创新活动公开与高效地开展，不仅能实现创新知识资源的共享与整合，发挥群体智慧，也有助于更多的创新思维与创造力碰撞，提高企业知识创造及其进一步的绩效转化效率，有效发挥创新协同效应。

互联网平台提高了知识创造活动供需匹配效率。在移动互联网技术取得重大突破后，基于互联网平台的共享经济模式可以实现传统服务供需的即时、准确匹配，提高服务的个性化与定制化供给水平（Pisano et al. , 2015）。互联网平台为企业的知识获取与收集提供重要支持。对企业而言，其可根据自身需要实时关注与创新活动相关的各个领域的产业政策、产品或技术等的实时动态。对顾客（消费者）而言，其可即时了解他们关心的产品与技术情况等。例如，企业可以通过学术论文的更新、技术孵化中心及技术转移平台所发布的信息，即时掌握与创新活动相关的知识信息。企业还可关注政府相关网站的政策发布与信息披露情况，了解政府部门对企业所在领域相关的产学研的政策动态。可见，作为一个免费开放与共享知识信息发布、传递以及扩散平台，互联网使企业与消费者及时准确获得供需信息，促进供给方与需求方在创新活动中的相互匹配，进而顾客（消费者）可向企业反馈其对产品和技术的需求情况以及自身使用体验，而企业可将其所获取的市场反馈信息进行整合，及时相应地调整技术研发与产品服务，从而实现创新技术和知识等在供应与需求上的精准匹配，提高知识创造活动的匹配效率（韩先锋，2018）。

互联网平台促使知识创造活动开展更为高效便捷。首先，互联网平台驱动创新知识资源的整合利用。互联网平台已成为企业开展创新活动的知识信息聚集地，互联网的开放、共享打破了传统领域的知识信息壁垒，促进海量知识信息资源的产生，既有助于企业对知识资源的整合利用，也有助于其他创新主体共享知识信息资源，尤其是顾客（消费者）参与企业的创新活动，在很大程度上推动了大众创业与万众创新。其次，互联网平台推动了核心技术研发。在互联网平台上，企业能够快速收集和整合利用网络中最优质、全面的各种资源，例如知识信息资源、人力资源与物质资源等，从而快速发现优质的创新想法并将其实现，从而促进核心技术与关键技术的研发（韩先锋，2018）。再其次，互联网平台推动了微创新。由于互联网环境下的资源配置优化以及交易中成本的降低减少了知识创造与创新的成本，使企业可以综合考虑市场反馈的情况与自身的研发情况，持续进行新技术、新产品、新服务的微创新与快速迭代，并根据需要及时进行产品与技术的发布。最后，互联网平台使知识创造更有价值。企业或其他创新主体在知识创造之后将其进一步转化为产品、技术或者服务，可通过移动互联网、移动智能终端等平台，迅速在全球范围内推广与普及，使知识创造活动更容易产生价值，进而促进知识创造的能动性，提高企业知识创造效率。

4.4.3　互联网思维对企业知识创造过程影响机制

互联网思维提升了企业协同知识创造的合作广度。互联网思维是一种创造性思维，强调创新与知识，尊重人与网络的价值，是互联网技术对人思维层面的凝练与升华（喻思娈，2014）。对于互联网思维虽然没有明确的定义，但基本已达成共识。其中，李海舰等（2014）从互联网理念、互联网精神与互联网经济三个方面对互联网思维进行概括（李海舰等，2014；张涛和庄贵军，2015）。互联网精神涵盖开放、平等、协作、共享，互联网理念包含虚拟实体互通、时空约束打破、一切模块化、运用大众力量、用户本位主义、免费赚钱等内容（李海舰等，2014）。在互联网时代，互联网思维反映了一种社会资本，包括信息共享、群体认同与团队合作三个核心特征（Aghion et al.，2005），它的深化有助于企业社会资本的积累。而良好的社会资本可有效降低协同知识创造活动所面对的风险，降低信息不对称导致的逆向选择与道德风险问题（韩先锋，2018）。当一个企业拥有较高的社会资本水平时，其推动协同知识创造主体开展知识协同创造更为容易（许静静，2018），这有助于创新活动的开展以及提高知识创造效率。

互联网思维拓宽了知识创造活动的深度与广度。在互联网思维下，更多地反映了消费者个性化的诉求，不再只是企业商业模式的表面变化（赵大伟，2014）。不同于以往的创新活动，在互联网时代，市场对创新的需求发生了转变，已从规模化和同质化转向多样化和个性化的需求，从而引导企业的创新生产也从标准化和规模化转向定制化和多元化。传统的创新模式不再适用。企业要想在动荡竞争的市场环境中占有一席之地，重视个性化与多元化的创新需求是必须的。总体而言，一方面，竞争激烈的市场对企业的知识创造行为、能力提出了更高的要求，企业必须通过转变创新方式以对现有技术进行改造升级，开发出更能满足消费者（顾客）需求的新技术、产品与服务，拓宽了知识创造活动的深度；另一方面，传统的规模化、标准化的创新活动受到互联网思维下个性化定制、小批量制造需求的冲击，致使企业创新活动的供给能力与消费者（顾客）日益多元化的需求不匹配，并且在互联网的驱动下，企业创新活动开展门槛低且实现速度快，使包括消费者在内的与企业知识创造活动相关的主体更多地参与进来（韩先锋，2018），提升了知识创造活动的广度。

前面从互联网技术、互联网平台、互联网思维三个方面探讨了互联网对企业知识创造过程的影响机制，这里对其进行归纳，具体如图4-2所示。

图 4 - 2　互联网对企业知识创造过程影响机制

4.5　互联网资源与企业互联网运用能力对企业知识创造过程的影响分析

　　上述宏观层面的互联网对企业知识传播与知识创造的影响为本书的研究做了较好的理论铺垫。但是宏观层面的互联网对知识传播与知识创造的影响并不能很好地解释企业应当如何应用互联网推动企业知识创造价值链的高效运行。而信息系统领域关于信息技术驱动企业知识管理与创新的研究，为理解这一问题提供了思路，尤其是资源与能力的概念引入信息系统领域之后，学者们提出了众多信息技术、互联网相关能力的概念以及信息技术或互联网使能的能力影响企业创新绩效实现的模型，积累了丰富的研究成果。因此，本节首先介绍基于资源和能力的信息技术驱动企业知识管理与创新模型；其次分析互联网资源与能力视角下企业知识创造过程；最后对企业层面的互联网资源和互联网运用能力对企业知识创造过程的影响进行分析。

4.5.1 基于资源和能力的信息技术驱动企业知识管理/创新模型

资源与能力的概念被引入信息系统领域的研究之后，许多学者围绕这一理论提出了与互联网（信息技术）相关能力的概念以及互联网（信息技术）影响企业知识管理或者创新过程的模型，取得了大量的研究成果，为本书的研究提供了重要的理论基础。本书将重点介绍五种具有代表性的互联网（信息技术）驱动企业知识管理或者创新绩效的模型。

（1）信息技术资源驱动组织知识管理能力模型。毛等（Mao et al.，2016）整合了资源基础观、知识基础观、权变理论的研究，探讨了信息技术资源与组织知识管理能力之间的关系，提出了如图4-3所示的理论模型。通过对中国168家组织的调研数据进行实证分析发现，三种类型的信息技术资源（即信息技术基础设施、信息技术人力资源和信息技术关系资源）对知识管理能力有积极正向影响，进而影响组织的竞争优势。此外，研究还发现了资源承诺对信息技术资源—知识管理能力之间的关系具有正向调节作用。具体来说，资源承诺对知识管理能力有直接的增强作用，且在信息技术人力资源和信息技术关系资源对企业知识管理能力的影响中具有加强作用。

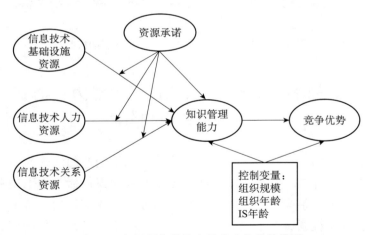

图4-3 知识视角的信息技术竞争优势模型

（2）企业利用信息技术能力实现创新商业化成功的过程模型。费尔南德斯等（2014）研究了信息技术能力、组织内外部学习与创新商业化成功之间的关系，关系模型如图4-4所示。通过调查186家西班牙与意大利的企业，对调研数据分析发现信息技术能力在内部学习能力和外部学习能力提升中起着关键作用；内部学习能力和外部学习能力与创新商业化成功直接相关；且内部学习能力和外部学习能力中间调节了信息技术能力与创新商业化成功之间的关系。

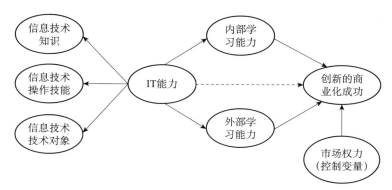

图 4 - 4 信息技术能力、组织学习与创新商业化成功的模型

（3）企业利用信息技术开展知识共享与应用的过程模型。崔等（Choi et al.，2010）认为，交互式记忆系统（transactive memory system，TMS）在组织利用知识生成绩效的过程中具有重要作用，提出了信息技术支持知识管理能力、交互式记忆系统、知识共享、知识运用、团队绩效之间的关系模型，如图 4 - 5 所示。运用韩国两家企业 139 个团队 743 名员工的调研数据分析发现，信息技术支持知识管理能力对知识共享与运用的作用远小于交互式记忆系统。信息技术支持知识管理能力对知识共享的影响大于对知识运用的影响，不管团队成员间的知识共享水平如何，均需通过知识运用实现团队绩效。研究表明，组织不可盲目仅为知识共享而实施信息系统，忽视了交互式记忆系统的作用，则会使目标与行动之间产生落差，导致知识管理无法促进绩效提升。

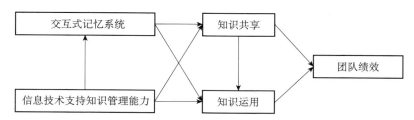

图 4 - 5 信息技术、交互式记忆系统与知识共享和运用的模型

（4）企业利用互联网资源进行战略能力构建模型。奥达尼尼和鲁贝拉（Ordanini and Rubera，2008）基于资源基础观探讨了采购中的战略能力、互联网资源与组织绩效间的关系，理论模型如图 4 - 6 所示。通过对意大利纺织服装行业 93 家公司样本的实证分析发现，采购中流程效率能力和流程整合能力对企业绩效具有同样重要的贡献，但两者之间没有互补效应。互联网资源对流程整合能力有增强作用，而对流程效率能力没有增强效应。此外，互联网资源不仅对这些能力具有单独的作用，还增强了它们之间的协同效应。

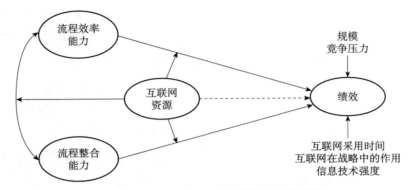

图 4-6 战略能力、互联网资源与绩效模型

（5）影响中小企业互联网使用的国际创业特征模型。格拉瓦斯和马修斯（Glavas and Mathews，2014）研究探讨了国际创业特性、互联网能力与企业进行国际商务间的关系，理论模型如图 4-7 所示。通过选取 8 个中小旅游公司的案例研究，分析了国际企业家特征和互联网能力对国际商务流程的影响。基于八个深入的案例研究，结果表明，成功的国际创业公司具有高水平的国际创新性和积极性，并在更大程度上整合了互联网能力。而先前的国际业务经验、国际风险承担倾向和国际网络特征不一定是成功整合国际商务流程的互联网能力的前因。相反，国际商业经验和国际网络实际上导致了企业对传统国际化机制的依赖，并可能减弱国际商务流程中的互联网能力发展。

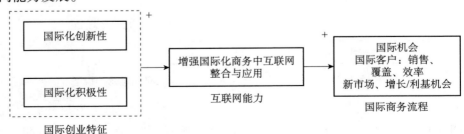

图 4-7 国际创业特征、互联网能力与国际商务过程模型

4.5.2 互联网资源与能力视角下企业知识创造过程

虽然已有基于资源和能力的互联网（信息技术）驱动企业知识管理或者创新过程的理论模型为本书的研究奠定了理论基础，但是随着当前新一代互联网技术的发展与进步，互联网的内涵发生了变化，正如前面所述，互联网环境下企业的知识创造在知识创造主体、客体与环境因素上均呈现出新的特征，宏观层面的互联网从互联网技术、互联网平台、互联网思维三个方面对企业的知识创造过程产生影响。为揭示微观企业层面如何运用互联网促进企业知识创造价值链每个阶段的高效运行，有必要进一步从企业层面的互联网资源与互联网运用能力来理解企业知识创造价值链的实现过程。

企业首先需要具备必要的互联网资源，包括互联网相关的基础设施资源、互联网人力资源和互联网关系资源，通过合理配置资源，提升企业在动态环境下的内部知识创造和外部知识获取能力。其次通过有效配置和使用互联网资源，开发企业运用互联网识别机会、整合组织内外部资源以及协调内外部能力的互联网整合能力，支持企业的探索式与利用式学习，进而促进企业对新知识的整合、消化吸收与运用等知识生成活动。而在互联网应用的过程中，注重互联网的设施运用能力、将互联网与组织业务流程整合以及保持对互联网运用的积极立场，则有助于构建组织的战略柔性，最终实现知识创造绩效的提升。互联网资源与能力视角下企业知识创造过程如图 4 - 8 所示。现实中，如果企业不能很好地理解互联网资源与能力在企业知识创造价值链不同阶段所起的作用，盲目认为互联网的基础设施投资必然给企业带来业务效率与效果的提升（周宇，2017），忽视不同类型的互联网资源和能力的作用，将不能很好地发挥互联网资源与能力对企业知识创造价值链高效运行的支持作用，无法运用互联网推动企业的创新活动。

因此，本书将从互联网资源与能力的角度分析企业知识创造过程，即：（1）在知识创造阶段考虑三种类型互联网资源的影响作用；（2）在知识生成阶段考虑互联网整合能力的驱动作用；（3）在绩效产出阶段，考虑通过互联网应用能力提升企业知识创造绩效；以及考虑互联网能力、知识能力这两种企业内部因素的交互作用对知识创造绩效的影响过程。

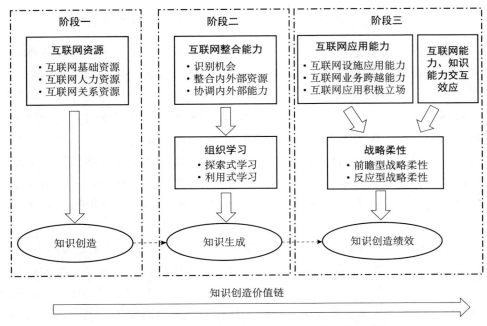

图 4 - 8　互联网资源与能力视角下企业知识创造过程

4.5.3　互联网资源与企业互联网运用能力对企业知识创造过程的影响分析

阶段一：知识创造阶段，互联网资源的影响作用及动态环境的调节作用。

在知识创造阶段，组织通过内部知识创造与外部知识获取的方式获得开展各种创新活动所需要的关键知识资源。在当前网络化环境下，高质量的互联网资源成为组织在复杂、竞争与动荡环境中生存与发展的必要工具。互联网环境下，企业的知识传播与知识创造呈现出新特征，企业需要先配备相应的互联网资源才能充分利用互联网带来的优势。具体而言，企业需要投入构建互联网基础设施资源、培养互联网人力资源，开发互联网关系资源，并有效和充分利用互联网资源推动企业内部知识创造与外部知识获取活动的进行。此外，动态变化的环境在很大程度上限制了企业在各方面的行动能力，增加了企业面临的风险。企业有必要考虑内部互联网资源配置与外部环境的匹配问题。因此，在这一阶段，需要同时考虑互联网资源对企业知识创造的影响作用以及互联网资源与环境动态性联合对企业知识创造的驱动作用。

阶段二：**知识生成阶段，互联网整合能力的驱动作用及二元学习的中介作用。**

在知识生成阶段，组织需要对新知识进一步地整合、消化、吸收、接受与运用。在互联网环境下，知识生成阶段需要注重互联网整合能力所起的作用。互联网整合能力是组织通过对互联网资源的有效配置与利用，开发企业运用互联网识别机会、整合组织内外部资源以及协调内外部能力的一种整合性能力，在企业知识生成与创新活动中具有驱动作用。因此，在互联网环境下，企业需要在投入互联网资源的基础上，进一步对其加以利用构建组织的整合能力，并发挥其对组织探索式学习与利用式学习的助推作用，从而驱动企业高效进行知识生成。并且互联网整合能力给组织创新活动、运营模式带来了新机遇，例如组织对外部机会的识别、内外部资源的整合与协调、管理理念的转变等。企业必须积极运用新的机遇，通过对互联网的深入理解与创新运用来应对新的市场挑战。此外，学习导向作为组织文化层面的概念，能影响企业创造与使用知识的倾向，也能主导组织学习过程的组织价值观。因此，在考虑组织通过"互联网整合能力—组织学习—知识生成"这样的逻辑路径驱动知识生成活动时，有必要兼顾学习导向对组织学习中介作用的调节效应。

阶段三：**知识创造绩效阶段，互联网应用能力的触发作用及战略柔性的传导作用；互联网能力、知识能力这两种企业内部因素的交互作用的影响过程。**

在绩效产出阶段，组织进一步将所创造的知识转化为产品或者服务，实现创新绩效。本书将互联网应用能力定义为组织获取、部署、组合和重新配置互联网资源以支持和提高商业战略和工作流程的能力。互联网应用能力体现了企业将互联网与组织的商业战略、工作流程相融合的能力。在网络化的环境下，组织应用互联网调整和优化组织结构与业务流程，且将互联网战略与组织相应的业务战略相融合之后，企业变得更加灵活高效，在此基础上构建应对环境变化的组织战略柔性，进而组织能够更清楚地了解市场需求的变化并根据市场需求将所创造知识转化为产品或服务，实现知识创造绩效。此外，产业链信息化密度会影响企业获取、分析、整合知识信息的能力，为互联网的创新运用带来机会与挑战。因此，在绩效产出阶段，本书将同时考虑产业链信息化密度的调节效应。

而在企业知识创造绩效提升的诸多影响因素中，互联网能力和知识能力被学者们认可为最具影响力的前因要素。互联网能力作为组织重要的战略资源，应当整合其他互补资源促进组织绩效。可见，互联网能力和知识能力作为组织两种重要的战略资源具有不可分割的紧密关系，两者的联合有助于提升组织对环境的敏锐性感知与对未知环境的正确预判。因此，在绩效产出阶段，本书将进一步考虑互联网能力、知识能力这两种企业内部因素的交互作用对知识创造绩效的影响。

4.6 本章小结

当前，互联网已深刻地影响着企业知识管理的方方面面，知识创造作为其中关键的一环也受到很大的影响。但是当前的研究还较少关注到互联网这一情景要素对企业知识创造的影响。基于此，本书首先从宏观层面对互联网背景下企业知识创造相关理论进行初步探索和分析，为后续从微观企业层面分析互联网资源、能力对企业知识创造过程的影响做了理论铺垫。具体地，在宏观层面本文分析了互联网背景下企业知识创造主体、知识创造客体和知识创造环境因素所呈现的新特征；在此基础上，提炼出互联网对企业知识传播和知识创造的四大驱动因素：网络开放性、虚拟网络、多主体参与、定制化解决方案；并进一步从互联网技术、互联网平台、互联网思维三个方面分析了互联网对企业知识创造过程的影响机制。其次，本书从微观企业层面的互联网资源和能力视角分析互联网对企业知识创造过程的影响，即：（1）在知识创造阶段，考虑三种类型互联网资源的影响作用；（2）在知识生成阶段，考虑互联网整合能力的驱动作用；（3）在绩效产出阶段，考虑通过互联网应用能力提升企业知识创造绩效，并进一步探讨互联网能力、知识能力的交互作用对知识创造绩效的传导机制。

本章研究为企业了解互联网这一情景要素对企业知识创造活动的影响做了初步探析，对于企业把握这一时代背景，挖掘其中价值创造的要素并与知识要素相结合实现知识创造具有重要的意义，同时为后续的实证研究做了重要的理论铺垫。本章的理论分析框架如图 4-9 所示。

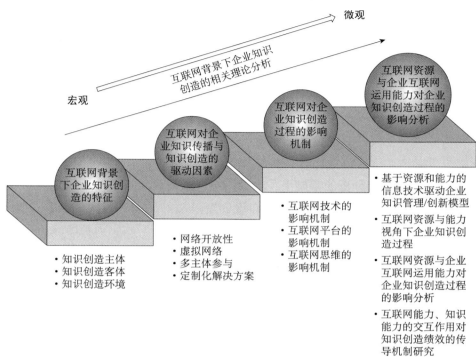

图 4 - 9　互联网背景下企业知识创造的理论框架

第5章　实证研究设计和数据获取

在第 4 章理论分析的基础上，本章的主要任务是为后续章节从微观企业层面探讨互联网资源、能力对企业知识创造过程的影响进行实证研究设计。为此，本章首先对实证研究总体思路进行阐述；其次对实证研究方案进行说明，包括各变量的量表开发、调查问卷的发放与回收、样本特征等；最后对调研回收的数据质量进行分析，包括数据质量的事前控制与事后检验。

5.1　实证研究总体思路

本书基于创新价值链理论，将企业知识创造过程划分为知识创造、知识生成、绩效产出三个阶段。就概念而言，知识创造最初被定义为组织内显性知识与隐性知识相互转化的过程。随后学者们在此基础上，对知识创造的概念进行延伸，大体上可分为从知识创造过程、产出或者结果对知识创造进行定义。而这都只是对知识创造价值链过程的某一个环节进行定义，概念界定的不一致给实证研究带来困难，导致实证结果缺乏可比性。因此，在本书中，分别从过程、产出、结果转化的角度对知识创造过程三个阶段分别定义，研究互联网的不同侧重面对这三个阶段的不同影响机制，从而对组织的创新实践更具有针对性的指导意义。

影响企业知识创造的内外部权变因素有很多。冯长利等（2016）识别了影响组织知识创造的内外部因素，内部因素包括组织知识存量、企业家精神、高层管理者支持、决策自主程度、内外部社会资本、学习型组织建设等；外部因素包括信息技术、市场竞争与合作环境等。信息系统领域的学者们指出，企业对于知识的搜索与运用态势会受到环境因素的影响。胡乐炜等（2018）研究表明，信息技术使能知识共享促进竞争绩效的过程受到环境动荡性的调节作用。王春燕和张玉明（2018）认为，组织创新环境在互联网灵活性、互联网开放度推动创新绩效过程有正向调节作用。张玉明等（2018）研究指出，互联网环境直接促进小微企业技术创新且其正向调节企业家社会资本与技术创新的关系（张玉明等，2018）。韦德和胡兰德（Wade and Hulland，2004）研究指出，信息技术影响组织敏捷性作用机制中，受到高层承诺、组织大小、位置及行业等组织因素的影响，以及环境动荡性、丰富性与复杂性等环境因素的影响，可见组织互联网影响企业知识创造及其绩效实现过程可能受到诸多潜在的内外部权变因素的影响。

从计算机、互联网到云计算，信息技术的发展给企业带来了翻天覆地的变化，提升了企业的经济价值。随着互联网的不断发展，企业所面临的全球化与一体化形势加剧，由互联网带来的越来越多的衡量组织竞争优势的指标逐渐显现，并逐步成为决定组织在新时代存亡的关键因素（毛弘毅，2015）。要丰富对互联网的研究，就需要不断理解不同时期互联网的内涵，不断理解组织通过互联网资源，构建互联网能力以推动企业创新实现可持续竞争优势的机制，同时需要不断理解组织所处环境，了解组织适应环境过程中需制定与实施的发展新目标，目前关于互联网资源、互联网能力与组织知识创造过程的研究尚处在一个蓬勃发展的时期。

本书通过国内外相关文献以及企业管理实践深入了解本书研究的背景与意义，提出以组织知识创造及其绩效实现为目标，互联网资源与能力为手段，处于互联网背景下的企业通过互联网资源、能力驱动组织知识创造及其绩效实现的实证研究思路，如图 5 - 1 所示。

在图 5 - 1 的实证研究框架中，笔者认为，组织通过构建互联网资源与能力能够有效提升组织知识创造及其绩效。该框架指出在知识创造价值链的不同阶段，不同类型的互联网资源与能力对其产生直接或者间接影响，互联网资源与能力在知识创造价值链不同阶段有着不同的体现与侧重，同时每个阶段变量之间的关系均受到组织内外部权变因素不同的调节作用。为了更好地研究此框架，本书在后面将通过四个子框架的研究，详细分析此框架所涉及变量之间的关系。四个子研究框架如下。

（1）研究三种类型互联网资源对两种知识创造模式（内部知识创造与外部知识获取）的影响，以及环境动态性的调节作用。

（2）研究互联网整合能力对企业知识生成的驱动作用，着重考虑了探索式学习与利用式学习在其中的中介作用以及学习导向对中介作用的调节效应。

（3）研究互联网应用能力对企业知识创造绩效的提升路径与触发机制，

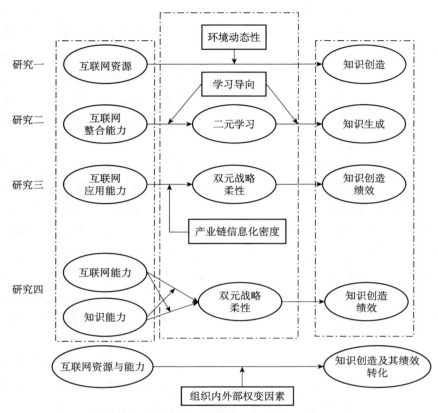

图 5 − 1　互联网影响组织知识创造实证研究思路

分析了前瞻型战略柔性与反应型战略柔性在其中的桥梁作用以及企业所处产业链信息化密度的调节作用。

（4）研究互联网能力、知识能力这两种企业内部因素的交互作用对知识创造绩效的影响，分析了前瞻型战略柔性与反应型战略柔性在其中的中介作用。

5.2　实证研究设计

研究设计的目的在于解决实证研究中数据的收集与数据质量的控制问题。首先基于研究目的与研究构念设计编制调查问卷量表；其次对问卷进行发放与回收。为确保所收集数据的质量，检验与控制可能存在的偏差。

5.2.1　量表开发

为确保测量量表的信度与效度，本书的测量量表均借鉴国内外的成熟量表，在以往的实证研究中其有效性已得到学者们的验证，结合本书的研究目的做了相应调整后形成初始量表。为了提高测量量表的内容效度，笔者通过与两位技术创新与知识管理领域的教授、两位信息系统学科的教授、两位企业管理人员组成的专家组对初始量表进行座谈讨论。为了确保测量量表的信度与构念效度，笔者邀请了所在高校工商管理硕士（MBA）和高级管理人员工商管理硕士（EMBA）班级的企业中高层管理人员进行深度访谈，对调查问卷进行小规模前测，根据他们所提的意见和建议对初始量表进行修改，形成最终量表。

本书借鉴卢和拉玛莫西（Lu and Ramamurthy，2011）、罗斯等（1996）等的研究，将互联网资源分为互联网基础设施资源、互联网人力资源、互联网关系资源三个维度。其中，互联网基础设施资源借鉴卢和拉玛莫西（2011）、罗斯等（1996）、韦尔等（Weil et al.，2003）使用过的量表，共设置了三个题项进行测量；互联网人力资源参考巴特（Bhatt，2000）、罗斯等（1996）、张（Zhang，2005）的测量量表共设置了四个题项；互联网关系资源借鉴巴特（2000）、陈等（Chen et al.，2014）、罗斯等（1996）的量表共设置了四个题项。两种知识创造模式包括内部知识创造和外部知识获取。其中，内部知识创造参考蒋和李（Jiang and Li，2009）、李林蔚（2016）等使用过的测量量表来衡量，共设置了三个题项；外部知识获取借鉴麦克尔维和维克隆德（McKelvie and Wiklund，2009）、耿紫珍（2012）等的研究，共设置了五个题项；环境动态性主要测量产品技术变化、市场环境变化、顾客需求变化等，参考卡恩斯和莱德勒（Kearns and Lederer，2004）、泰奥和金（Teo and King，1997）的研究，共设置了三个题项。

互联网整合能力的测量主要参考薛等（Xue et al.，2013）、毛弘毅（2015）、蒂瓦纳（Tiwana，2015）等的量表，设置题项四个，涉及对组织利用互联网识别机会、整合内外部资源能力的度量。二元学习是二维构成式构念，分为探索式学习与利用式学习两个维度，主要借鉴马奇（March，1991）、黄等（Huang et al.，2015）、王永健（2012）的量表，分别设置题项四个。学习导向的测量借鉴西库拉等（Sinkula et al.，1997）、贝克和西库拉（Baker and Sinkula，1999）等的研究，设置五个题项，主要包括对学习承诺、共享愿景、开放心智的测量。参照朱伟民（2009）、史密斯（2005）等的研究，设置四个题项测量知识生成。

　　在本书研究中，互联网应用能力是三维构成式概念，分为互联网设施运用能力、互联网业务跨越能力、互联网运用积极立场三个维度，借鉴毛（2014）、卢和拉玛莫西（2011）、罗斯（1996）、韦尔（2003）、巴特（2000）等的量表对互联网应用能力三个维度分别使用四个题项测量；战略柔性是二维构成式变量，分为前瞻型战略柔性和反应型战略柔性两个维度，参考埃文斯（Evans，1991）、比埃利和查克拉巴蒂（Bierly and Chakrabarti，1996）、范志刚（2014）等使用过的测量量表分别设置三个题项测量前瞻型战略柔性，使用四个题项测量反应型战略柔性；产业链信息化密度借鉴梅里兹（Melitz，2013）、李坤望（2015）、刘军（2016）等的相关研究共设计了三个测量题项进行测量；知识创造绩效参考梁娟和陈国宏（2015）、贝尔（2005）、李等（Li et al.，2008）的量表设置四个题项进行测度。知识能力的测量主要借鉴毛等（2015）、佩雷斯—洛佩斯和阿莱格里（2012）等的量表，设置题项五个，涉及知识获取、知识转移、知识应用能力的度量。具体测量题项设计如表5-1所示。

表5-1　　　　　　　　　　　　　　测量题项设计

构念	维度/内容	测量指标	参考文献
互联网资源	互联网基础设施资源、互联网人力资源、互联网关系资源	数据管理服务和架构；网络通信；互联网应用和服务质量（如 ERP、ASP）；专业的互联网技术支持人员；利用互联网技术解决相关问题；互联网技术团队在商业战略中提供技术支持；对信息技术项目进行评估和控制；信息系统支持与外部供应链的协作；利用互联网开发和维护客户；利用互联网与供应商建立联系；利用互联网与其他公司建立合作关系	卢和拉玛莫西（2011）、罗斯等（1996）、韦尔等（2003）、巴特（2000）等
环境动态性	产品技术、市场环境以及顾客需求变化情况	产品或服务的技术变化；市场变化；顾客需求变化	恩斯和莱德勒（2004）、泰奥和金（1997）
知识创造	内部知识创造、外部知识获取	企业创造了新的经营方法；发展了先前没有的产品开发技术；实施了先进的管理理念和营销观念；调查顾客对于产品或服务的潜在需求；获取关于竞争者的市场信息；学习其他企业的成功实践；从外部机构获取新的管理技能；收集有关技术发展趋势的信息	蒋和李（2009）、李林蔚等（2016）、麦克尔维和维克隆德（2009）、耿紫珍（2012）

续表

构念	维度/内容	测量指标	参考文献
互联网整合能力	组织利用互联网识别机会、整合内外部资源的能力	利用相关的互联网技术发现外部变化带来的新机会；利用互联网技术方便地访问来自客户、市场、竞争变化的相关数据；利用互联网技术与外部合作伙伴进行无缝链接；利用互联网技术整合相关的组织运作（设计、研发、采购、营销等环节）	薛 等 （2013）、毛弘毅（2015）、蒂瓦纳（2015）
组织学习	探索式学习、利用式学习	不断寻求新领域的市场/产品信息；对全新市场/产品知识的学习和掌握；探索能学习全新技能的知识/信息；搜索能学到全新技能的信息；对已有知识进行精练和挖掘；在当前从事的领域搜寻市场/产品信息；积累能有效解决当前市场/产品问题的方法；不断寻求新领域的市场/产品信息	马 奇 （1991）、黄 等 （2015）、王永健（2012）
学习导向	学习承诺、共享愿景、开放心智	管理层认为学习能力是企业竞争优势的关键；企业基本价值观之一是学习为公司进步的关键；新颖的想法在组织内得到重视；所有员工都致力于组织目标的实现；企业上下有着共同的目标	西库拉等（1997）、贝克和西库拉（1999）
知识生成	组织对新知识的共享、消化吸收与运用	内外部信息和知识交流与共享；对知识的利用和对新技术的消化吸收；接受和运用新知识的速度；能够吸收与整合从外部获取的知识	朱伟民 （2009）、史密斯（2005）
互联网应用能力	互联网设施运用能力、互联网业务跨越能力、互联网运用积极立场	互联网技术管理服务对业务部门间关系管理；数据管理服务和架构；网络通信；互联网应用和服务质量（如 ERP、ASP）；对互联网促进竞争优势的认识；将业务战略规划与互联网规划结合；相关的职能部门理解互联网投资的价值；利用互联网进行企业革新和产品创新；互联网规划过程是有效且灵活的；能够跟上新的互联网创新；创新性地使用一些新的互联网技术；寻找新方法提升互联网使用的有效性	毛 （2014）、卢和拉玛莫西（2011）、罗斯（1996）、韦尔（2003）、巴特（2000）
战略柔性	前瞻型战略柔性、反应型战略柔性	从外部环境的变化中识别出发展机会；尝试改造或者重组以满足市场需求；尝试技术改进来创造新的技术标准；能够抓住环境变化带来的机遇；提出创新战略时会考虑一系列的备选方案；调整生产或服务水平以支持市场波动的需求；根据环境变化不断调整战略	埃文斯（1991）、比埃利和查克拉巴蒂（1996）、范志刚（2014）
产业链信息化密度	产业链各个环节信息化使用频率	与上游供应商通过信息技术联系频率；产品和服务环节信息技术使用频率；市场和销售环节信息技术使用频率	梅里兹（2013）、李坤望（2015）、刘军（2016）

构念	维度/内容	测量指标	参考文献
知识创造绩效	企业知识创造结果转化为产品或服务的情况	能将专利和技术秘密有效地转化为产品或服务；创新产品的成功率；过去 5 年新产品投放量；经常比同行更早推出新产品和服务	梁娟和陈国宏（2015）、贝尔（2005）、李等（2008）
知识能力	知识获取、知识转移、知识应用能力	经常学习其他组织的成功实践；定期召开会议，向所有员工通报公司的最新创新情况；拥有正式的机制，让员工分享不同领域活动的实践经验；使那些需要的人能够获得知识；有正式的利用知识开发新产品/服务的过程	毛等（2015），佩雷斯—洛佩斯和阿莱格里（2012）等

5.2.2　问卷的发放与回收

由于本书是企业层面的实证研究，其中所涉及的企业互联网使用情况、知识管理状况以及企业内外部环境情况难以直接从企业的公开资料获取，因而本书通过调查问卷的方式收集实证分析所需的数据。为了最大限度保证与提高调查问卷的信度和效度，本书在问卷形成与数据采集过程均采用通用的预测—实测方法。

在调查问卷的预测阶段，主要对初始问卷的合理性与有效性进行检测，并根据小规模预测的情况对量表进行修订。在确定各个理论构念的测量题项之后，编制完成初始的问卷设计。为了确保受访者充分理解本书的研究目的，免除填答问卷的顾虑，首先对调查问卷进行简要说明，对本书的研究背景、研究目的、数据保密性、调查人的基本情况进行介绍。调查问卷的主体包括四部分。第一部分是企业互联网应用的背景信息，包括企业年龄、企业性质、企业所属行业类型、员工人数、企业信息系统使用年限等；第二、第三、第四部分分别为企业互联网的使用情况，企业内部知识管理与能力情况，企业所处环境情况，这三部分均根据理论模型中的研究变量进行题项设计。题项均采用李克特五点量表加以测量，1 表示非常不同意，5 表示非常同意。

为了提高测量量表的内容效度，初始问卷设计完成后，请两位技术创新与知识管理领域的教授、两位信息系统学科的教授、两位企业管理人员组成专家组，对初始量表进行探讨，对测量题项的表述是否通俗易懂、有无存在歧义或者暗示、是否涉及敏感问题、题项是否过多等方面的问题进行修正，确保问卷设计的合理性。在专家组的意见指导下，对调查问卷做了相应的修订，确保了量表的内容效度，从而形成最终的前测调查问卷。在前测阶段，通过所在院校的 MBA 与 EMBA 班级选出了 40 名不同企业的中高层管理人员，进行了初步访谈和问卷调查。根据这 40 份预测试问卷的信度分析与探索性因子分析的情况，进一步修改测量题项，删除不符合测量标准的题项，小幅调整量表后，得到最终问卷。最终问卷的题项部分包括企业的基本情况、企业互联网使用情况、企业内部知识管理与能力情况、企业所处环境情况共四大部分。调查问卷内容请参阅附录 1。同时，为方便问卷的发放，通过问卷星网站将本书的调查问卷制作成电子问卷，并通过若干测试确保电子问卷在各种计算机浏览器、手机浏览器、QQ 与微信上均可正常填写与记录结果。并且我们也将问卷打印成纸质版用于实地发放。

　　本书课题组通过多种途径开展大规模调查，通过所在高校 MBA、EMBA、校友、导师团队以及委托专业统计调查机构等进行随机抽样，对我国福建、广东、上海、北京、江苏等多个省份多个行业的企业发放问卷。其中，通过导师团队以电子邮件与微信方式发放 200 份问卷，向所在高校经管学院 MBA 与 EMBA 学员发放纸质问卷 100 份，在校友协会的协助下通过电子邮件、微信、QQ 方式向在企业工作的校友共发放问卷 250 份，委托专业统计调查机构发放问卷 100 份，总共发放问卷 650 份，具体问卷发放与回收情况，如表 5 - 2 所示。填写本问卷的主要为企业的中高层管理人员，他们能清楚了解企业的互联网使用情况、知识管理情况以及组织内外部环境因素。本次大规模调查总共发放了 650 份问卷，对问卷有效性进行筛选后最终获得 399 份有效问卷，有效回收率为 53.2%。根据卡特尔和雷蒙德（Cattell and Raymond，2012）的研究，调查问卷的测量题项数量与所回收的问卷数量的比例维持在 1∶3 ~ 1∶10 是较为合理的。而本书所设计的测量题项数为 66 题，回收的有效样本数为 399 份，该比例为 1∶6.05，在合理的比例范围内，因此，本书的有效样本数量符合数据分析的要求。

　　此外，本书借鉴信息技术研究的相关文献（毛弘毅，2015），以企业年龄、规模、IS 使用年限、企业所处行业为控制变量进行分析以期获得更为准确的研究结论。其中，根据企业的主营业务领域将企业划分为高新技术企业和非高新技术企业，将主营业务领域归属于《国家重点支持的高新技术领域》的企业界定为高新技术企业（孙锐和赵晨，2016），采用二分法编码，1 表示高新技术企业，0 表示非高新技术企业。被调查企业的主营业务情况如表 5 - 3 所示。对控制变量主要考虑到年限长的企业和规模大的企业在市场上竞争时间较长，他们有更多的资源进行知识管理活动，更有可能进行更高水平的知识创造活动，而不同行业的企业（是否高新技术企业）其互联网应用水平、知识创造能力可能存在差异，进而可能导致不同的知识创造结果；此外，企业信息系统使用年限也通常被用于 IS 领域相关的实证研究中，以获得预期的结果。

表 5 – 2   问卷发放与回收情况

问卷发放与回收方式	发放数量（份）	回收数量（份）	回收率（%）	有效数量（份）	有效率（%）
导师团队	200	190	95	102	53.68
所在高校经管院 MBA 与 EMBA 学员	100	98	98	63	64.28
校友协会	250	207	82.8	166	80.19
委托专业统计调查机构	100	88	88	68	77.27
合计	650	583	89.69	399	68.44

注：回收率 = 问卷回收数量÷问卷发放数量；有效率 = 问卷有效数量÷问卷回收数量。

表 5 – 3   组织样本特性（N = 399）

特征	统计内容	样本数（份）	百分比（%）
行业	制造业	111	27.8
	建筑业	28	7.0
	信息产业	89	22.3
	金融业	30	7.5
	交通运输、仓储和邮政业	29	7.3
	科学研究和技术服务业	19	4.8
	其他	93	23.3
主营业务	电子信息技术	91	22.8
	生物与新医药技术	17	4.3
	航天航空技术	9	2.2
	新材料技术	40	10.0
	高技术服务业	61	15.3
	新能源及节能技术	41	10.3
	资源与环境技术	21	5.3
	先进制造与自动化	38	9.5
	其他	81	20.3

续表

特征	统计内容	样本数（份）	百分比（%）
组织类型	国有企业	103	25.8
	合资企业	70	17.5
	外资企业	49	12.3
	民营企业	177	44.4
企业规模（员工人数，人）	<20	5	1.3
	20～100	69	17.3
	101～300	129	32.3
	301～1000	103	25.8
	>1000	93	23.3
企业年龄（年）	<3	5	1.3
	3～10	84	21.0
	11～20	202	50.6
	21～50	79	19.8
	>50	29	7.3
IS 年龄（IS 使用年限，年）	<1	5	1.3
	2～3	78	19.5
	3～10	243	60.9
	>10	73	18.3
被调查者职务	高层管理者	79	19.8
	中层管理者	250	62.7
	基层管理者	44	11.0
	其他	26	6.5
	合计	399	100

5.2.3　研究样本的基本描述

调查样本组织特性如表 5-3 所示。从回收问卷所处区域来看，被调研企业涉及我国福建、广东、上海、北京、江苏等 19 个省（区、市）。从行业分布来看，样本主要集中在制造业、信息产业、金融业、交通邮政等行业。从企业的主营业务可以看出，样本企业主营业务归属于电子信息技术、航天航空技术、生物技术、新能源等高新技术的企业总共占比 79.7%，其他属于非高新技术企业的占 20.3%。从企业性质来看，国有企业、合资企业、外资企业、民营企业分别占 25.8%、17.5%、12.3%、44.4%，总体而言各类型企业分布较为均匀。从企业规模来看，员工人数小于 20 人的占 1.3%，20 ~ 100 人的占 17.3%，101 ~ 300 人的占 32.3%，301 ~ 1000 人的占 25.8%，大于 1000 人的占 23.3%，可见，样本企业的规模分布较为平均。从企业 IS 年龄来看，企业使用信息系统年限小于等于 1 年的占 1.3%、使用年限在 2 ~ 3 年的占 19.5%，使用年限在 4 ~ 10 年的占 60.9%，使用年限大于 10 年的占 18.3%，可见，大部分被调查企业使用信息系统的年限超过 3 年。从被调查者的职位来看，调查对象 19.8% 来自高层管理者，62.7% 为中层管理者，17.5% 为基层管理者或者企业其他人员。企业中高层管理者对于企业的互联网使用和知识管理情况、组织内外部环境情况更为了解，他们的相关工作经验确保了他们对调查问题的充分理解，使调查结果能够更真实地反映企业的互联网使用情况对知识创造的影响，保障了问卷调查的可靠性与准确性。综上分析可得，本书的研究样本具有广泛的代表性。

5.3　数据质量控制

5.3.1　测量偏差检验

为了确保数据质量，本书研究通过多种技术手段在问卷的设计与编制、数据的收集以及所回收样本的分析等阶段尽可能地对调查数据进行控制与检验。首先，本书将通过回答偏差与共同方法偏差两个方面对问卷中可能存在的偏差进行检验。此外，在模型分析之前，对量表的信度和效度进行分析，以保证实证数据的可靠性。

由于问卷回收持续时间较长，可能由于回收时期的差异导致潜在的测量偏差。因此，本书通过独立样本和方差分析的方法检验测量偏差，阿姆斯特朗和欧弗顿（Armstrong and Overton，1977）研究认为，问卷后期收集的样本与未答复者相似，可以通过比较早期回收与后期回收的问卷在关键变量上的组间均值。因此，本书比较了大规模调研前一个月收回的 88 份问卷与后一个月收回的 43 份问卷，对不同时期收回数据的关键变量进行方差齐次检验和组间均值比较。如表 5 - 4 所示，Levene 方差齐次检验结果表明，所回收的样本数据在不同时期方差检验不显著（F 统计量的 P 值均大于 0.05），方差具有齐次性。在方差齐次的基础上，进一步进行独立样本 T 检验，结果显示，在不

同时期问卷关键变量的差异不显著（T 统计值的 P 值均大于 0.05）。方差分析
表明，两组不同时期回收的样本的主要研究变量在 P = 0.05 水平上方差检验
不显著。据此可以推断本书研究在不同时期收集的样本数据没有测量偏差的
问题。总的来说，总体样本具有无偏性。

表 5-4　　　　　　　　　　　不同时期回收问卷测量偏差检验

变量	变量说明	最先回收问卷		最后回收问卷		方差齐次检验		独立样本检验	
		Mean	S. D.	Mean	S. D.	F 统计	P 值	T 统计	P 值
互联网资源	IIR	3.6212	0.56546	3.7442	0.70086	1.163	0.283	−1.002	0.320
	IHR	3.5747	0.54201	3.7267	0.70672	1.841	0.177	−1.242	0.219
	IRR	3.6307	0.56091	3.6686	0.78437	0.101	0.751	−0.284	0.778
环境动态性	ED	3.5795	0.63224	3.643	0.85572	0.232	0.631	−0.435	0.665
知识创造	IKC	3.6477	0.57036	3.5504	0.61671	0.797	0.374	0.893	0.374
	EKA	3.5994	0.57678	3.6105	0.77017	0.008	0.927	−0.083	0.934
互联网整合能力	IIC	3.5085	0.61524	3.5872	0.88789	0.349	0.556	−0.523	0.603
组织学习	EL	3.6629	0.53604	3.8450	0.50052	3.478	0.064	−1.865	0.064
	UL	3.6420	0.52220	3.5988	0.80019	0.137	0.711	0.322	0.748
知识生成	KG	3.4545	0.49356	3.5872	0.63359	1.723	0.192	−1.313	0.192
学习导向	LO	3.6341	0.51926	3.5628	0.69317	0.434	0.511	0.598	0.552
互联网应用能力	IUC	3.6080	054772	3.7616	0.64539	2.019	0.158	−1.421	0.158
	IBC	3.4830	0.62261	3.6977	0.75111	2.992	0.086	−1.730	0.086
	IPC	3.3438	0.63462	3.5058	0.73292	1.699	0.195	−1.303	0.195
战略柔性	PSP	3.6818	0.57825	3.6357	0.69318	0.161	0.689	0.401	0.689
	RSP	3.6326	0.63132	3.7054	0.79419	0.323	0.571	−0.526	0.601
知识创造绩效	KCP	3.4347	0.51206	3.6105	0.61794	2.964	0.088	−1.722	0.088
产业链信息化密度	ID	3.7159	0.64235	3.7209	0.78908	0.002	0.969	−0.039	0.969

5.3.2　共同方法偏差

本书通过调查问卷方法进行研究数据的收集，由于每一份调查问卷均是
由同一个被调查者填写，因而可能导致共同方法偏差（common method bia-
ses）。因为相同的数据来源或评分者，相同的测量环境、项目语境和项目本身
的特征引起的预测变量和效标变量之间人为的共变则为共同方法偏差，其可

能会混淆研究结果，从而可能误导研究结论，属于一种系统误差（周浩和龙立荣，2004）。共同方法偏差广泛存在于行为科学研究中，尤其是在问卷调查方法的研究上，需要研究者进一步地关注（Podsakoff et al.，2003）。已有研究提出了两种方法以克服共同方法偏差，即程序控制和统计控制，具体有以下内容。

（1）共同方法偏差的程序控制，是对测量数据的事前控制。主要是指研究人员在研究设计和测量过程中所采取的包括将测量预测变量与效标变量主体分开，并从时间、空间、方法上对测量进行分离；对被调查者的数据保密、消除对研究目的的质疑，仔细考量问卷题项的顺序、调整量表题项等控制措施（周浩和龙立荣，2004）。这些方法是从共同方法偏差来源上进行事前控制，因而在设计问卷以及收集数据过程中应先考虑程序控制。通过严谨的调查过程设计可从共同方法偏差的根源上有效地避免或者减轻。因此，本书通过使用匿名调查、面对面访谈、电子纸质问卷结合等多种方式最大限度避免共同方法偏差的干扰。

（2）共同方法偏差的统计控制，是对测量数据的事后控制。由于受到一些研究情景的限制，事前的程序控制方法难以实行，或者难以从根本上避免共同方法偏差的干扰，因而有必要通过统计分析方法在数据分析阶段对其进行事后检验。其中，普遍使用 Harman 单因素检验方法对共同方法偏差进行检验。该统计方法的具体做法是：假设如果方法变异大量存在，那么在对所有研究构念的全部题项进行探索性因素分析时，如果只析出一个因子或者某个因子解释了大部分变异（解释方差超过40%），则可以认为存在严重的共同方法偏差（周浩和龙立荣，2004）。本书利用 Harman 单因素检验方法对最终样本进行共同方法偏差检验，在主成分分析中加入样本整体，结果显示未旋转时第一个主成分因素的方差解释为 25.648%，没有显著的统计优势。因而可以判定由于调查过程中数据来源的单一性可能导致的共同方法偏差并不会对本书的数据分析产生影响，可以进行下一步的数据分析（Malhotra et al.，2006）。

5.4　本章小结

本章主要讨论了本书的实证研究设计过程。首先提出本书的总体实证研究思路；其次在充分参阅现有相关经典文献的基础上，尽可能地通过严谨的方式设计本书研究的问卷量表，通过前期预测阶段确保问卷的合理性和可读性，在此基础上进行大规模问卷发放与收集；最后通过对问卷可能存在的回答偏差和共同方法偏差两个方面进行检测，以保障回收数据的质量。本章的实证研究设计为后续章节的实证研究奠定了基础。

第6章　互联网资源影响企业知识创造研究

在第 5 章关于本书研究设计与量表开发的基础上，本章研究分析了三种类型互联网资源对两种知识创造模式的影响以及环境动态性在其中的调节作用。在前面关于互联网环境下企业知识创造特征、驱动因素、影响机制理论分析的基础上，本章首先对动态环境下互联网资源影响企业知识创造提出理论模型与研究假设；其次检验模型的信度与效度，以及对变量进行描述性统计；再其次通过层次回归分析方法验证所提出的假设；最后对实证研究结果进行讨论。

6.1　引言

企业所面临的外部环境在当前的知识与信息时代快速变化，创新成为企业获取和保持竞争优势的关键来源，构成企业创新基础的各类知识逐渐成为企业最具战略性的资源（张方华等，2003）。然而，鲜有企业直接拥有开展各种创新活动所需要的关键知识资源。为了弥补创新缺口，组织一方面必须不断从外部获取知识以满足创新活动的知识需求（Heide，1994）；另一方面则充分利用组织现有知识创造新知识以推动创新进行（March et al.，1991；Nerkar and Roberts，2004）。企业内部知识创造和外部的知识获取成为两种主要的企业知识创造实践（Inkpen，1998；江旭和高山行，2010）。同时，当前互联网飞速发展以及信息技术深入使用，互联网为企业获取、共享和存储知识提供了便利的手段，并增加企业间的合作和降低了知识的获取成本（Mohamed et al.，2006）。因此，利用互联网资源拓宽企业的知识视野，实现知识突破成为企业的必然选择。

回顾以往相关文献，周和芬克（Zhou and Fink，2003）研究指出，互联网有利于企业知识的再现、存储与转化，提升了组织成员的知识获取和知识共享能力，因而可以促进组织的知识共享与转移。纳拉亚南等（Narayanan et al.，2009）认为，互联网有助于组织对积累经验的学习，促进对组织知识的表达与编码，进而有助于组织开发新工艺。蒂平斯和苏希（Tippins and Sohi，2003）研究表明，企业可以通过互联网积累有价值的知识供员工使用。达文波特等（Davenport et al.，2008）研究指出，互联网促进了组织内部知识的创造、传播和应用。格拉瓦斯等（Glavas et al.，2014）认为，互联网帮助组织提升知识转移和国际化市场交易效率，促进组织开发与维护全球网络关系。由此可见，现有研究大多肯定了互联网对企业知识管理的正向影响。但是这些研究鲜有考虑企业层面不同类型的互联网资源对外部知识获取和内部知识创造这两种不同的知识创造实践影响的差异性。对于该问题的研究有助于解释不同企业均投入构建互联网资源，但最终知识基础扩展程度存在差异的客观事实。

此外，互联网资源对企业知识创造影响的情境因素也是值得关注的焦点。基于权变理论的研究指出，成功的组织往往善于在环境与组织结构和技术特性之间找到一个契合点，以利用潜在的机会（Umanath，2003）。动态变化的环境极大地限制了企业在各方面采取行动的能力，增加了企业可能面临的风险。因此，企业应当重视所处环境的变化情况，并及时根据需要调整自身战略（Yinan Qi，2011）。只有在与外部环境良好匹配的前提下，内部知识创造和外部知识获取才能为企业带来更好的绩效提升（Justin，2006），进而提高企业的竞争优势。虽然已有文献指出，研究互联网资源与企业知识管理关系时考虑环境因素的必要性（毛弘毅，2015），但鲜有研究检验不同类型的互联网资源对不同知识创造模式的影响是否依赖于其所处的外部环境。因此，本书将环境动态性纳入研究框架中，考察其对不同类型互联网资源与外部知识获取、内部知识创造之间关系的影响。综上所述，本章试图通过回答以下两个问题以弥补现有研究的缺陷。

（1）不同类型的互联网资源如何影响不同的知识创造模式（内部知识创造、外部知识获取）？

（2）环境动态性是否加强互联网资源对企业知识创造的影响？

6.2　假设提出及其理论依据

6.2.1　互联网资源

资源基础观指出，互联网资源（internet resources，IS）是企业进行知识管理和获取竞争优势的潜在资源（Tanriverdi，2005；Bhatt，2000）。IS 领域的相关研究者基于不同的研究目的将互联网资源分为不同的维度。为了全面了解互联网为企业创造竞争优势中所起的作用，学者们讨论了有形的和无形的互联网资源（Bharadwaj，2006）。罗斯等（Ross et al.，1996）认为，信息技术资源包含三种类型，即技术、人力和关系。韦德等（Wade et al.，2004）将信息系统资源分为"由外而内""由内而外"以及"跨越"。奥达尼和鲁贝拉（Ordanini and Rubera，2012）认为，互联网资源是技术设施、信息技术人力资源与信息技术无形资产的组合。考虑到本书研究的主要目的在于探讨互联网资源对两种不同知识创造模式的影响，借鉴先前的研究将企业的互联网资源划分为互联网基础设施资源（IIR）、互联网人力资源（IHR）、互联网关系资源（IRR）。其中，互联网基础设施资源是企业保证准确、即时和全面的信息沟通的网络技术基础。互联网人力资源被定义为组织拥有的具备技术和管理信息技术技能的员工。互联网关系资源是指企业利用互联网建立与各知识主体之间的关系，主要体现在企业利用互联网建立与供应商、客户、合作伙伴的关系资本，代表了组织与各业务主体间的信任、互惠性和责任（Mao et al.，2016）。

6.2.2　两种不同的知识创造模式

知识管理理论认为，知识资源是一个动态的概念，企业不能仅限于对现有知识的重复利用，更重要的是，企业应当跨越当前的知识基础不断努力创造新的知识，以应对变化的环境并维持竞争优势。通常有效提升组织知识存量和质量的基本途径包括：组织内部创造新知识（Nonaka and Takeuchi，1995），或者从外部学习并获取新知识（李林蔚，2016），这两种途径也是促进组织创新绩效的根本保障。

内部知识创造是指组织充分利用内部不同部门、员工的知识，通过对各种异质性知识的整合，实现新知识的创造。学者们已经注意到，组织整合内部异质性知识的能力在推动组织创新中发挥着关键性作用（Henderson and Clark，1990）。通过在不同部门与员工之间进行有效的知识共享与沟通交流使分散其中的静态知识在整个组织内部高效地流动起来，进而驱动各种异质性知识的整合以及新知识的创造（阎海峰和陈灵燕，2010）。外部知识获取，是指组织从外部环境中对有关产品和服务、生产运作、管理技能等知识的学习和捕获（耿紫珍等，2012）。众多研究指出，企业技术创新所需的新知识中约有 1/3 需从外部获取（简兆权等，2010）。组织通过对外部知识的广泛获取，既可以减轻有限的内部资源的约束，也可以降低研发成本以及加快创新速度，同时还可以有效地避免由于组织内部同质性知识积累所带来的潜在的创新能力刚性问题（周玉泉等，2005）。

6.2.3　互联网基础设施资源与企业内部知识创造、外部知识获取

在以往的相关研究中，众多学者肯定了互联网基础设施资源对于组织知识创造和知识获取的促进作用。罗斯等（1996）认为，互联网基础设施资源提供了共享的平台和数据库，保证了信息在组织内外准确、实时的传递，为组织内的知识共享与转移奠定了基础，且灵活的互联网基础设施资源改善了信息的产生与传播，使企业在相同的时间内可以收集、处理与传输更多的信息和知识（Bhatt，2000），拥有更多样化的信息表达方式，为企业内部的知识交互碰撞与新知识的产生奠定基础。阿波斯托卢和门萨斯（Apostolou and Mentzas，1999）研究表明，互联网为组织知识搜索者通过社会化、组合化、外部化与内部化四种知识转化过程进行知识创造提供了基础设施的支持。刘建设（2010）进一步研究指出，融合了多种技术的信息网络为组织内外的知识共享提供了基础设施，降低了外部知识的获取成本，优化了组织内部的知识库，提高了组织的知识创造水平和外部知识获取的边际收益。由此，提出以下假设。

H1a：企业互联网基础设施资源直接影响企业内部知识创造。

H1b：企业互联网基础设施资源直接影响企业外部知识获取。

6.2.4　互联网人力资源与企业内部知识创造、外部知识获取

互联网人力资源是指组织拥有的具备互联网相关技术和管理信息技术技能的员工（Bharadwaj，2000）。互联网人力资源较强意味着组织中员工擅长利用互联网技术提供解决方案和处理相应的业务问题，并将机会最大化（Ross，1996）。企业的技术人员拥有充足的技术知识与经验，能为组织内其他相关人员提供有效的指导与帮助，从而提高企业员工的信息获取效率（Fernández - Mesa et al.，2014）。此外，企业员工拥有的信息技术技术技能使组织能够设计和开发可靠的应用程序，以支持有效和高效的知识流动，推动组织内部的知识共享与知识创造（Melville et al.，2004）。不仅如此，除了组织内部的沟通外，技术人力资源也能够提高企业与外部知识主体的关系质量（张涛等，

2010）。通过及时有效的沟通，帮助组织获取有关供应商、客户、市场等的知识，为企业的决策提供支持。由此，提出以下假设。

H2a：企业互联网人力资源直接影响企业内部知识创造。

H2b：企业互联网人力资源直接影响企业外部知识获取。

6.2.5　互联网关系资源与企业内部知识创造、外部知识获取

互联网关系资源是指企业通过互联网建立与各知识主体之间的关系，较强的网络关系意味着企业成员能够利用互联网在企业内部以及与外部的供应商、客户、商业合作伙伴等有效地进行沟通、协作、谈判与知识共享（Pisano，1991）。巴特和格罗夫（Bhatt and Grove，2000）认为，企业各业务部门通过互联网促进了知识在组织内的流动和扩散。通过相互协作，组织可以更容易共享、创造和利用来自供应商、客户与商业伙伴的知识。福尔曼等（Forman et al.，2012）研究指出，互联网的使用降低了合作研究团队的协调成本，促进了地理上分散的研究团队合作专利产出的提升。索尼等（Sawhney et al.，2005）通过案例研究表明，互联网作为顾客参与合作创新的平台具有交互性、持久性、速度和灵活性等，企业可以利用这些独特性鼓励顾客参与产品创新。由此可见，互联网有助于维系企业与外部知识主体的关系质量，提升企业内知识创造的主观能动性，使外部有价值的知识向企业转移，保障知识创造机制的顺畅运行（王辉等，2012）。企业通过互联网与供应商、客户、商业伙伴构建和谐的对话平台，促进组织内外多元化知识的摩擦与融合，帮助企业深入挖掘与拓展组织内部知识储备的深度与广度（徐可等，2015）。由此，提出以下假设。

H3a：企业互联网关系资源直接影响企业内部知识创造。

H3b：企业互联网关系资源直接影响企业外部知识获取。

6.2.6　环境动态性的调节效应

动态、不确定环境是指组织内外部的环境处于变动、不稳定和波动之中。在动态环境下，技术更新变化快，客户需求变化快，企业的外部市场环境变化快，这就要求企业的产品和服务需快速地推陈出新，一旦落后于市场变化，将会使组织处于劣势（陈涛等，2013）。因此，在动态环境下，企业一方面要进行内部知识体系整合和重构，推动组织内从个人层面、团队层面到组织层面的知识共享与创新，实现内部知识创造；另一方面组织需要从外部知识主

体中获取自身匮乏的、异质性的知识，对组织内部形成知识优势互补。而企业的互联网资源则有利于提高企业内外部知识、信息的传递效率（Forman，2012）和搜索效率（曾萍等，2011），并提高整个企业内部知识管理系统的使用效能（Mohamed et al.，2006），从而推动组织内知识螺旋机制的顺利运转和第一时间掌握关于顾客偏好变动、市场变化、技术更新等环境变动信息，推进外部知识获取活动。可见，动态环境下企业的互联网资源更能体现其价值。而在稳定的环境中，企业即使不具备良好的互联网资源，也能满足基本的知识创造和知识获取活动，因而互联网资源对企业知识创造和知识获取的更大价值无法体现。本书的理论模型如图 6－1 所示。由此，提出以下假设。

H4a：环境动态性正向影响企业互联网基础设施资源与内部知识创造之间的关系。

H4b：环境动态性正向影响企业互联网基础设施资源与外部知识获取之间的关系。

H4c：环境动态性正向影响企业互联网人力资源与内部知识创造之间的关系。

H4d：环境动态性正向影响企业互联网人力资源与外部知识获取之间的关系。

H4e：环境动态性正向影响企业互联网关系资源与内部知识创造之间的关系。

H4f：环境动态性正向影响企业互联网关系资源与外部知识获取之间的关系。

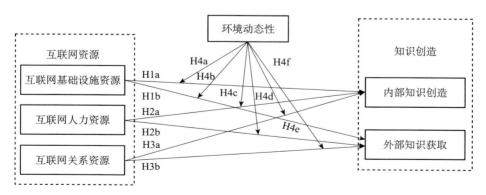

图 6－1　互联网资源影响知识创造理论模型

6.3 互联网资源影响企业知识创造模型评价

一些学者研究指出，可以通过对指标综合处理的多组分析或者层次回归分析的方法对构成式测量模型的调节效应进行分析（朱树婷，2016）。因此，本章应用层次回归分析方法，检验互联网资源对内部知识创造与外部知识获取的直接影响，以及环境动态性对互联网资源影响两种知识创造模式的调节效应。在样本选择上，本书以来自我国多个城市多个行业的企业互联网应用作为研究对象，总体而言样本的选择具有广泛的代表性。另外，本章研究借鉴信息系统领域的相关研究文献（Mao et al.，2014），以企业年龄、规模、IS使用年限、是否高技术企业为控制变量进行分析以期获得更为准确的研究结论。其中是否为高新技术企业采用二分法编码：高新技术企业记为1，非高新技术企业记为0。

本章在进行假设检验与调节效应分析之前，对相关数据进行质量检验，主要是对测量题项的信度与效度进行评价，并计算各构念之间的相关系数矩阵，对各构念间的区别效度进行判定。本书将运用 SPSS19.0 和 AMOS21.0 完成上述实证分析。

6.3.1 信度和效度分析

为确保各变量测量的可靠性与有效性，本书通过 SPSS19.0 对量表进行信度与效度检验。检验结果如表 6-1 所示。从表中可以看出，所有变量的 Cronbach's α 都大于 0.7，说明各变量具有较好的信度（朱树婷，2016）。效度方面，样本数据的 KMO 值为 0.941，说明数据适宜进行因子分析。各潜变量的因子载荷均大于 0.7 或接近 0.7，表明量表的潜变量具有较好的聚合效度。各变量的平均抽取方差（AVE）都大于 0.5，表明各变量具备较高的收敛效度；各变量的复合信度（CR）都大于 0.8，表明题项具有良好的内部一致性。

此外，在 SPSS19.0 中对各个构念的方差膨胀因子（VIF）进行计算，结果显示，各个构念的 VIF 值均在 1.068~2.947，小于 0.5，表明各构念之间不存在严重的多重共线性问题，不会对回归模型的预测结果产生显著影响偏差（朱树婷，2016）。

表 6 - 1　　　　　　　　　　　　量表信度和效度检验

变量		变量说明	题项	载荷	Cronbach's α 系数	AVE	CR
互联网资源	互联网基础设施资源	IIR	数据管理服务和架构是足够的	0.851	0.745	0.649	0.847
			网络通信能够满足需求，具有良好的连通性、可靠性和可用性	0.775			
			互联网应用和服务质量（如 ERP、ASP）能够满足组织需求	0.789			
	互联网人力资源	IHR	有专业的互联网技术支持人员	0.801	0.826	0.657	0.885
			员工懂得利用互联网技术解决相关问题	0.812			
			互联网技术团队在商业战略中提供足够的技术支持	0.817			
			员工能够对信息技术项目进行评估和控制	0.813			
	互联网关系资源	IRR	信息系统足够支持与外部供应链的协作	0.800	0.846	0.684	0.896
			经常利用互联网开发和维护客户	0.819			
			经常利用互联网与供应商建立联系	0.876			
			经常利用互联网与其他公司建立合作关系	0.812			
知识创造	内部知识创造	IKC	创造了新的经营方法	0.801	0.716	0.639	0.842
			发展了先前没有的产品开发技术	0.798			
			实施了先进的管理理念和营销观念	0.799			
	外部知识获取	EKA	经常调查顾客对于产品或服务的潜在需求	0.701	0.790	0.545	0.856
			经常获取关于竞争者的市场信息	0.686			
			经常学习其他企业的成功实践	0.771			
			经常从外部机构获取新的管理技能	0.782			
			经常收集有关技术发展趋势的信息	0.745			
环境动态性		ED	在本行业，产品或服务的技术变化非常快	0.838	0.709	0.632	0.837
			在过去一年，我们的市场变化很大	0.771			
			我们的顾客经常要求新的产品或服务	0.774			

6.3.2 相关性分析

各变量的均值、方差以及相关系数如表 6 – 2 所示。从表中可得各变量之间最大系数在互联网关系资源与互联网人力资源之间为 0.743，原因在于两个构念均属于互联网资源的测量范围。在排除多重共线性的情况下，相关系数较大的可能原因在于样本规模，当数据组数较小时，对有些样本相关系数波动较大且绝对值接近于 1，但所有变量间的相关系数均小于巴戈齐等（Bagozzi et al., 1991）建议的 0.8 阈值，属于可接受的范围，并不会对后续回归产生大的影响。另外，各变量 AVE 的开方均大于该变量与其他变量的相关系数，表明本书量表具有较好的区分效度（Segars，1997）。而变量间的相关系数均呈现显著的正相关关系，初步验证了本书的研究假设，为后续的相关路径分析奠定基础。

表 6 – 2   量表信度和效度检验

变量	均值	方差	IIR	IHR	IRR	ED	IKC	EKA
互联网基础设施资源	3.7813	0.62618	**0.806**					
互联网人力资源	3.7686	0.71235	0.715 **	**0.811**				
互联网关系资源	3.7252	0.74048	0.621 **	0.743 **	**0.827**			
环境动态性	3.6277	0.71008	0.448 **	0.463 **	0.469 **	**0.795**		
内部知识创造	3.7227	0.63971	0.528 **	0.617 **	0.596 **	0.431 **	**0.799**	
外部知识获取	3.8144	0.66178	0.512 **	0.545 **	0.570 **	0.639 **	0.388 **	**0.738**

注：** 代表在 1% 水平上显著相关（双尾检验）；对角线为 AVE 的算术平方根。

6.4 实证结果分析

6.4.1 直接效应分析

将三个自变量（互联网基础设施资源、互联网人力资源、互联网关系资源）分别对因变量（内部知识创造、外部知识获取）进行回归，求得它们之间的路径系数如表 6 – 3 所示。从模型 1 可以看出，本书中四个控制变量：企业规模（$\beta = 0.046$，$P > 0.05$）、企业年龄（$\beta = 0.002$，$P > 0.05$）、是否高技术企业（$\beta = 0.210$，$P > 0.05$）和 IS 使用年限（$\beta = 0.117$，$P > 0.05$）均对企业内部知识创造影响不显著。同理，从模型 3 可以看出，四个控制变量均对企业外部知识获取的影响不显著。从模型 2 可以看出，互联网基础设施资源对企业内部知识创造具有正向影响（β = 0.199，P < 0.01），验证了 H1a；互联网人力资源对企业内部知识创造具有正向影响（β = 0.163，P < 0.05），支持了 H2a；互联网关系资源对企业内部知识创造具有正向影响（β = 0.337，P < 0.001），H3a 通过了验证。模型 4 中互联网基础设施资源对企业外部知识获取影响不显著，H1b 没有通过；互联网人力资源对企业外部知识获取存在显著的正向影响（β = 0.327，P < 0.001），H2b 得到了支持；互联网关系资源对企业外部知识获取具有正向影响（β = 0.283，P < 0.001），H3b 得到验证。

表 6 − 3   直接效应检验结果

变量	内部知识创造		外部知识获取	
	模型 1	模型 2	模型 3	模型 4
常数	− 0.697 *	0.048 *	− 0.658 *	0.144 *
企业年龄	0.002	− 0.009	0.009	0.002
IS 使用年限	0.117	− 0.014	0.201	0.060
企业规模	0.046	0.041	− 0.050	− 0.063
是否高技术企业	0.210	− 0.159	0.256	− 0.134
IIR		0.199 **		0.129 +
IHR		0.163 *		0.327 ***
IRR		0.337 ***		0.283 ***
R^2	0.021	0.380	0.027	0.436
调整 R^2	0.007	0.364	0.013	0.422
ΔR^2	0.021	0.359	0.027	0.410
F 值	1.470	24.009 ***	1.911	30.304 ***

注：+ 表示 p < 0.1，* 表示 p < 0.05，** 表示 p < 0.01，*** 表示 p < 0.001；表中的系数为非标准化系数。

6.4.2 调节效应分析

为检验环境动态性在不同类型互联网资源与企业内部知识创造、外部知识获取之间的调节效应，根据艾肯和韦斯特（Aiken and West，1991）的建议，采用分层回归方法检验它们之间的调节关系。本书首先分别将内部知识创造、外部知识获取设为因变量；其次依次将控制变量、自变量与调节变量、自变量与调节变量的乘积项加入回归方程中。在检验之前，本书将所有变量数据进行中心化处理，以避免回归方程中变量之间数据的多重共线性问题。

检验结果如表 6 - 4 所示，从模型 1 和模型 4 可得，控制变量的影响结果与表 6 - 3 一致。模型 2 和模型 5 显示，直接效应也与前述的检验结果一致，且环境动态性对外部知识获取的直接影响正向显著。从模型 3 可以看出，环境动态性对互联网基础设施资源（β = - 0.110，P > 0.05）、互联网人力资源（β = - 0.065，P > 0.05）与内部知识创造之间没有调节效应，表明 H4a、H4c 没有得到支持。环境动态性对互联网关系资源与内部知识创造之间具有正向影响（β = 0.152，P < 0.01），H4e 得到验证。同时，模型 6 结果表明，环境动态性对互联网基础设施资源（β = - 0.019，P > 0.05）与外部知识获取之间没有调节作用，说明 H4b 没有得到支持；环境动态性负向调节互联网人力资源与外部知识获取之间的关系（β = - 0.174，P < 0.01），正向调节互联网关系资源与外部知识获取之间的关系（β = 0.162，P < 0.01），因此，H4d 没有得到支持，H4f 得到验证。

表 6 - 4　　　　　　　　　　　多元回归检验结果

变量	内部知识创造			外部知识获取		
	模型 1	模型 2	模型 3	模型 4	模型 5	模型 6
常数	- 0.697 *	0.017 *	- 0.038 *	- 0.658 *	0.103 *	0.056 *
企业年龄	0.002	- 0.003	- 0.011	0.009	0.009	- 0.004
IS 年限	0.117	- 0.015	0.000	0.201	0.060	0.079
企业规模	0.046	0.041	0.054	- 0.050	- 0.062	- 0.050
是否高技术企业	0.210	- 0.144	- 0.148	0.256	- 0.115	- 0.117
IIR		0.180 *	0.157 *		0.104	0.102
IHR		0.149 *	0.121		0.308 ***	0.251 **
IRR		0.314 ***	0.358 ***		0.252 ***	0.300 ***
ED		0.096 +	0.110 *		0.126 *	0.125 *
IIR × ED			- 0.110			- 0.019
IHR × ED			- 0.065			- 0.174 **
IRR × ED			0.152 **			0.162 **
R^2	0.021	0.387	0.410	0.027	0.448	0.472
调整 R^2	0.007	0.369	0.385	0.013	0.432	0.451
ΔR^2	0.021	0.366	0.023	0.027	0.421	0.024
F 值	1.470	21.534 ***	17.025	1.911	27.684 ***	21.953 ***

注：+ 表示 p < 0.1，* 表示 p < 0.05，** 表示 p < 0.01，*** 表示 p < 0.001；表中的系数为非标准化系数。

　　为了进一步验证环境动态性的调节效应，本书按照艾肯和韦斯特（1991）
的方法将调节变量环境动态性的均值加减一个标准差分为两组，分别对两
组子样本数据做回归分析，得到图 6 - 2 至图 6 - 4 的调节效应。图 6 - 2、
图 6 - 3 说明，在高环境动态性的情况下，互联网关系资源对外部知识获
取、内部知识创造的影响比在低环境动态性的情况要强；图 6 - 4 表明，在
高环境动态性的情况下，互联网人力资源对外部知识获取的影响比低环境
动态性要弱。

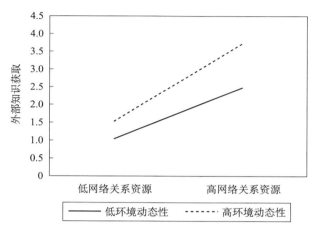

图 6 - 2　环境动态性对互联网关系资源与外部知识获取之间关系的调节作用

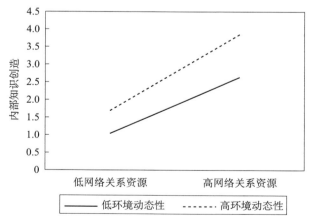

图 6 - 3　环境动态性对互联网关系资源与内部知识创造之间关系的调节作用

　　表 6 - 5 总结了研究假设的结果。H1a、H2a、H2b、H3a、H3b、H4e、
H4f 获得支持，H1b、H4a、H4b、H4c、H4d 没有得到验证。

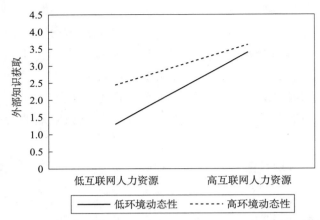

图 6 - 4　环境动态性对互联网人力资源与外部知识获取之间关系的调节作用

表 6 - 5　　　　　　　　　　　研究假设结果

假设	结果
H1a：互联网基础设施资源→内部知识创造	支持
H1b：互联网基础设施资源→外部知识获取	不支持
H2a：互联网人力资源→内部知识创造	支持
H2b：互联网人力资源→外部知识获取	支持
H3a：互联网关系资源→内部知识创造	支持
H3b：互联网关系资源→外部知识获取	支持
H4a：互联网基础设施资源×环境动态性→内部知识创造	不支持
H4b：互联网基础设施资源×环境动态性→外部知识获取	不支持
H4c：互联网人力资源×环境动态性→内部知识创造	不支持
H4d：互联网人力资源×环境动态性→外部知识获取	不支持（负向）
H4e：互联网关系资源×环境动态性→内部知识创造	支持
H4f：互联网关系资源×环境动态性→外部知识获取	支持

6.5　结论与启示

6.5.1　主要结论与讨论

随着互联网对企业生产经营各方面影响的深入，其已日益成为颠覆传统价值创造方式的"利器"（赵振，2015）。越来越多的研究者提出利用互联网推动企业的知识管理举措和促进企业创新（Sambamurthy and Subraman，2005；Joshi and Chi，2010）。本章重点关注了动态环境下企业不同类型互联网资源对两种知识创造模式影响的差异性（Zhuang et al.，2019）。得到以下研究结论。

（1）互联网关系资源和互联网人力资源能够同时促进企业内部知识创造和外部知识获取；互联网基础设施资源正向影响企业内部知识创造，但对外部知识获取的影响不显著。本章研究证实了不同类型互联网资源既有利于企业从外部获取知识，又能够刺激企业内部知识创造的结论（Fernández – Mesa，2014；Mao et al.，2016）。而互联网基础设施资源对外部知识获取的影响不显著，与预期的假设并不一致。与张涛和庄贵军（2017）基于中国制造企业的数据研究认为"信息技术设备资源促进信息搜索效率"的结论存在分歧，其可能的原因在于，虽然互联网基础设施资源有助于提升知识搜索的效率，但是外部知识获取不仅限于对知识的搜索，还包括对知识的解析、加工编辑、吸收转化等过程，而这一过程更注重"人"的因素。正如穆罕默德等（Mohamed et al.，2006）学者所指出的"知识是人驱动的行为，主要依赖人力资源关系和社区沟通与交互"。并且这一过程需要一定的时间、成本的投入，从而使互联网基础设施资源对外部知识获取的影响不如内部知识创造有效率。因此，外部知识获取应当在强调网络基础设施资源的基础上，更注重互联网人力资源和关系资源的作用。

（2）环境动态性正向调节互联网关系资源与内部知识创造、外部知识获取之间的关系。环境动态性对互联网基础设施资源与内部知识创造、外部知识获取之间的关系以及互联网人力资源与内部知识创造之间的关系没有调节作用，且负向调节互联网人力资源与外部知识获取之间的关系。深入探讨其中的原因，可能存在以下解释。

第一，环境动态性对互联网基础设施资源与内部知识创造、外部知识获取的调节作用不显著，表明无论企业处于动荡的环境还是平稳的环境，都不影响互联网基础设施资源对内部知识创造与外部知识获取的促进作用。其可能的原因在于，一方面，从互联网基础设施资源本身的特征来看，其属于企业的网络基础设施的建设，相比人力资源和关系资源对环境变化较为不灵敏；另一方面，在动态环境下，拥有高水平的互联网基础设施资源的企业越能为内部知识整合、共享、创造与外部知识的获取和吸收提供基础设施的支持，但同时，互联网基础设施的构建与维持需要投入相应的人力、物力与财力，相应的成本也会提高。从而抵消了互联网基础设施资源所能带来的优势提升，进而使调节效应不显著（李庭燎，2017）。

第二，环境动态性对互联网人力资源与内部知识创造呈负向不显著的调节作用，对互联网人力资源与外部知识获取呈负向显著的调节作用。其可能的原因在于，一方面当企业所处环境动荡性较大时，原本在低动态环境下的互联网人力资源不足以应对动荡的环境。具体而言，高动态环境下企业内部的互联网人力资源结构不合理，信息技术人才缺乏（韩霞和朱克实，2013），互联网人力资源无法及时调整满足组织在动荡环境下对内部知识创造和外部知识获取的需求，使其呈现出负向的影响作用。另一方面，企业所处环境的动态性越高，表明企业面临的产品、技术与市场需求变化越快，企业运用互联网人力资源获取外部知识的动机越强烈（奚雷等，2018），因此，相对内部知识创造而言，环境对外部知识获取的调节作用更为显著。

第三，环境动态性正向调节互联网关系资源与内部知识创造和外部知识获取之间的关系，表明在动荡的环境中，企业应当更加重视利用互联网与供应商、客户、商业伙伴等建立良好的关系资本，这对企业获取关于市场的情报知识、客户需求变化的知识和技术更新的知识具有关键的作用。

6.5.2 实践启示

本章的研究为企业在动态环境下通过互联网资源有效地实现知识获取和知识创造的目的提供了实践性的启示。首先，随着近年来互联网的快速发展，利用互联网推动企业的知识管理举措和促进企业创新越来越广泛，本章的研究结果表明，企业层面的互联网资源对于拓宽知识视野实现知识突破起着根本性的作用。企业应当注重对互联网资源的投资。具体地，应当从互联网资源的三个关键方面：互联网基础设施资源、人力资源和关系资源同时培养足够的能力水平，以实现更有效的外部知识获取和内部知识创造，拓宽企业的知识基础，实现竞争优势。其次，企业应当重视环境动态性的调节作用，处理好企业与环境变化的关系。具体来说，企业应当更注重优化互联网人力资源结构，加强信息技术人才的培养，提升企业的反应能力，以在动态环境下更有效地进行知识获取和知识创造活动；企业还应当重视利用多种网络渠道，构建与客户、供应商、合作伙伴等利益相关者的关系网络。来自组织外部的显隐性知识往往是组织进行产品或者服务改进，扩展市场份额的重要手段。良好的互联网关系资源使企业在动荡的环境中更能应对自如。

6.6　本章小结

本章的研究有助于更好地了解企业互联网资源如何帮助拓宽组织的知识基础。具体而言，我们通过来自中国企业的经验证据发现互联网资源对组织的内部知识创造和外部知识获取起着根本性作用，且发现环境动态性在其中起着调节性作用。进一步说明了动态环境下企业如何利用互联网资源提升内部知识创造与外部知识获取，为互联网价值实现做出了贡献。本章研究了互联网资源对企业知识创造价值链第一个阶段的影响，为第 7 章进一步讨论互联网整合能力对企业知识生成的影响奠定了基础。

第7章 互联网整合能力驱动
企业知识生成研究

在第 6 章关于动态环境下互联网资源影响两种知识创造模式研究的基础上，本章进一步探讨了互联网整合能力对企业知识生成的驱动作用以及学习导向对中介作用的调节效应。基于前面对互联网环境下企业知识创造特征、驱动因素、影响机制的理论分析，本章首先提出理论模型与研究假设；其次检验模型的信度与效度，对变量进行描述性分析，判断各构念的区分效度，并对模型的适配度进行分析；再次通过结构方程方法验证所提出的假设以及通过 Bootstrap 方法验证被调节的中介效应；最后对实证研究结果进行讨论。

7.1 引言

随着市场竞争的加剧，企业不断面临新的机遇和挑战。企业经营必须随着外部市场的变化不断调整，通过变革才可维持企业的生存与发展。持续的知识创造与创新有助于企业适应外部环境的变化。在知识创造阶段，企业关注重点在于运用互联网资源促进内部知识创造与外部知识获取，拓宽企业的知识视野。而在知识生成阶段，企业更加侧重对内外部知识的消化吸收、整合、接受与运用。

当前互联网技术飞速发展，尤其是进入"大数据时代"以来，网络中充斥着巨量的信息对企业如何有效作出选择带来了巨大的挑战。互联网整合能力有助于企业利用互联网资源识别机会、整合组织内外部资源以及对组织内外部的各种能力进行协调和匹配，为企业应对网络化环境提供了新思路。学者们逐渐将焦点转向利用互联网整合性特征促进组织对知识的消化吸收与运用。戴维和曼努埃尔（David and Manuel，2013）研究表明，信息技术能力对员工和组织的吸收能力均有显著正向影响。王春燕和张玉明（2018）研究认为，互联网整合性促进组织对知识的反复学习与吸收，有助于组织的知识生成。罗伯斯等（Robers et al.，2012）基于互补理论指出，互联网影响组织对知识吸收、应用的过程中还需考虑与之相适应的资源和机制。可见，互联网与企业知识生成之间的潜在联系已经得到确定，现有研究主要忽视了企业层面互联网整合能力在影响企业知识生成路径上的特定作用，并忽视了互联网整合能力作为企业知识生成驱动因素的评估。而组织学习作为 21 世纪企业应当具备的重要组织能力，它与互联网整合能力及知识生成也有着密切的联系。因此，可以从组织学习的视角，更多地解释和理解互联网整合能力对企业知识生成影响的有效途径。此外，由于企业具有有限的资源、知识和能力，互联网作为企业克服这些限制的"催化剂"，可以刺激企业的探索式学习与利用式学习，进而促进知识生成。因此，鉴于缺乏关于互联网整合能力对企业知识生成的影响研究以及对于互联网为克服企业现有资源、能力和知识的障碍所能做出贡献的理解有限，本书研究的中心目的正是回答这一问题。互联网作为一种整合性能力如何以及为什么能够触发和刺激企业的知识生成。为了解决这一问题，我们将从组织学习的视角研究互联网整合能力驱动企业知识生成的有效路径。

7.2　假设提出及其理论依据

7.2.1　相关概念界定

互联网的普及与应用对企业的生产经营模式有着颠覆性的改变，企业对互联网功能的需求呈增长趋势。费海尔和托厄尔（Feher and Towell，1997）研究指出，互联网已经在商业的各个领域得到广泛的应用，不断地改变着企业的商业经营模式，众多企业试图运用互联网进一步拓展自身的发展空间。现有的组织整合实践表明，企业的互联网与信息技术的投资更重要的在于利用互联网与信息技术实现资源的整合与关系管理的能力（薛晓芳等，2015）。近年来，学者们已经认识到互联网的整合特性的重要性，学者们基于不同的视角对互联网整合能力进行定义。王春燕和张玉明（2018）认为，互联网的整合性体现在企业通过互联网技术结合组织内外部资源开展合作的能力。薛晓芳等（2015）认为，信息技术整合能力是组织通过信息技术有效地规划、协调和控制组织内外部的资源，以获取单一行为所无法达到的综合效益的能力。拉伊和唐（Rai and Tang, 2010）将信息技术整合定义为组织整合与合作伙伴间的数据、通信技术以及交易和协作应用程序的能力（陈猛等, 2015）。综合以往学者的观点，本书将互联网整合能力定义为企业有效配置和使用互联网资源以识别机会、整合组织内外部资源以及对组织内外部各种能力进行协调和匹配以适应动态环境的能力。其作为一种更高级的组织能力，有助于促进系统化的组织活动（刘玉国等, 2016）。

在互联网环境下，企业所处环境更具动荡性和竞争性，驱使企业通过持续的学习适应环境的变化。阿吉里斯和舍恩（Argyris and Schön, 1997）研究指出，组织学习是克服执行问题的工具，学者们从信息技术应用方面、克服知识障碍工具与动态学习探讨了信息技术执行对组织学习的促进作用（崔瑜等, 2013）。有效的组织学习既有利于知识的外部获取，也有助于企业内部的干中学和经验中学，同时可以促进组织的知识积累与完善，引导企业的知识整合与创造活动（朱秀梅等, 2011）。根据马奇（March, 1991）的观点，组织学习可分为探索式学习与利用式学习，且二元学习的观点得到了学术界的广泛认可。其中，探索式学习是组织跨越当前的知识基础，开创与探索全新的知识领域；而利用式学习则注重对组织已有知识的利用。二元式学习强调组织能够同时进行高水平的探索式和利用式学习以兼获探索新知识所带来的差异性优势和利用已有知识所带来的效率优势（陈建勋, 2011）。本书沿用学者们对组织学习的二元分类，将组织学习分为探索式学习与利用式学习两个维度。

学习导向由辛库拉等（Sinkula et al., 1997）提出，认为学习导向是组织文化层面的概念，是与组织学习关系较为密切的概念。依据他们的观点，学习导向能影响企业创造与使用知识的倾向，是能主导组织学习过程的组织价值观（Kearns and Lederer, 2004; Rhee et al., 2010）。组织信息技术能力的培养与发展需付诸时间与努力，且包含经验学习，组织期望成功需将互联网、信息技术与组织层面的学习过程互补（Anand et al., 1998）。学习导向既是组织内部自我更新的基础，也是组织战略的重要组成部分（Covin et al., 2006）。基于辛库拉等（1997）的研究，学习导向包括学习承诺、开放心智、共同愿景三部分内容。其中，学习承诺表征组织对学习的重视程度，主要体现为组织的学习氛围；开放心智是指组织敢于挑战和质疑已有思维、行动模式；共同愿景是组织建立与保持普遍认同组织目标的程度。学习导向这三个方面的内容相辅相成、相互补充，共同构成了影响组织学习文化的价值观。

企业的创新是新知识生成与应用的结果，组织学习的本质在于新知识的生成及其建立于新知识上的行为改变过程。企业对内外部知识的高效应用是企业知识生成的关键（魏国江，2018）。马奇（1991）指出，组织可通过对新知识的探索或者已有知识的利用活动扩展自身的知识基础。庄（Chuang，2014）研究指出，发达国家的创新知识源于组织内部创新与扩散重构新知识，组织对外部知识吸收与内部知识积累的协同演进是企业转型的动力来源。赵国杰等（2011）基于 SECI 模型从知识生成与转化机制中提出知识生成转化矩阵。可见，现有研究对知识生成的探讨更多地侧重于从过程的角度，考虑到本书的研究主要将知识生成作为组织知识创造的结果。因此，借鉴以往研究，本书将知识生成定义为组织对内外部知识的消化吸收、整合、接受与运用程度。

7.2.2　互联网整合能力与二元式学习

我国学者罗慧等（2004）研究指出，信息技术对组织学习的作用体现在其有助于提高组织记忆的精确度、可塑性、完整性与高反馈性，同时增强组织的信息协同作用，使组织成员间的沟通交流更为通畅；蒂宾斯和索希（Tippins and Sohi，2003）开创性地将组织学习作为中介变量引入互联网能力对组织绩效影响的关系中，研究表明了组织学习在互联网战略价值发挥中具有重要作用。王永健等（2012）、谢卫红等（2014）实证研究均证实了信息技术能力对组织学习的促进作用，包括探索式学习与利用式学习。具体而言，探索式学习具有收益不确定、学习方向不确定的特点（谢卫红等，2014）。互联网技术支持企业对市场知识、创新知识的搜索与获取，提升企业的探索式学习。互联网整合能力为组织不断尝试学习新知识以及解决新问题提供了条件，丰富了企业的知识库，进一步提高了组织对潜在机会与危机的敏感度（Nieves and Haller，2014）；此外，组织灵活的互联网应用系统使组织能够突破当前的学习路径与管理，促进组织对资源的重构，进一步推动组织对新知识新技术的探索以及对行业发展趋势的追踪（葛宝山等，2016），提升环境的适应能力。由此，提出以下假设。

H1：互联网整合能力与探索式学习存在显著的正相关关系。

互联网整合能力强的组织通常在组织内外运用互联网建立起了顺畅便捷的沟通系统（谢卫红等，2014），鼓励组织内部及其与外部利益相关主体间的信任与合作，有助于组织内部成员与外部利益相关者间的知识共享与交换，并提升相互间的知识吸收意愿。沟通与合作的过程促进对知识信息的重构以及多种观点整合，有助于利用式学习，促进组织不断积累知识与经验。此外，互联网整合能力有助于组织对内部资源与知识的协调与整合（曾敏刚等，2017），促进知识的交流、再创造与运用，反复学习与改进现有知识，促进利用式学习。由此，提出以下假设。

H2：互联网整合能力与利用式学习存在显著的正相关关系。

7.2.3 组织二元学习与知识生成

从探索式学习与知识生成的关系来看，首先企业通过探索式学习发现与获取新知识，既有助于补充与丰富现有的知识资源，也可帮助组织克服对已有知识、经验与技术的"路径依赖"（舒成利等，2015），促进组织对新知识的吸收、利用；其次组织的探索式学习鼓励组织内部开放创新氛围的形成，有利于组织内部学习的展开，进而促进企业的知识生成。由此，提出以下假设。

H3：组织探索式学习与知识生成存在显著的正相关关系。

从利用式学习与知识生成的关系来看，首先，利用式学习是组织建立在已有知识的基础上，组织将所获取的外部知识与内部创造的知识加以改造和应用，有利于提升组织知识生成效率，在拓宽已有知识基础的同时，实现内外部知识的有效结合。其次，组织对外部获取知识或内部创造知识的快速成功应用，帮助组织提高了内部学习的积极性，进而能够通过利用式学习提高知识生成效率。最后，利用式学习过程需要组织内外部伙伴间充分地沟通交流以利于知识吸收，这有助于组织建立良好的内外部关系促进知识共享程度的提升，从而提高组织的知识生成水平（舒成利等，2015）。由此，提出以下假设。

H4：企业利用式学习与知识生成存在显著的正相关关系。

7.2.4 组织二元学习的中介作用

在网络化的环境中，利用互联网识别外部潜在的机会以及对组织内部资源与能力进行有效配置，影响着企业的资源获取、知识共享与运用。利用互联网识别外部潜在的机会，可以提高企业对内部已有知识的利用效率。网络化环境下充斥着巨量的知识信息资源，善于利用互联网技术获取与筛选有益于企业发展的知识，并在组织内传递与共享，有助于利用式学习（谢卫红等，

2015)。同时，互联网技术为企业协调与分配内外部知识资源提供了便捷的方式，为企业在内外部主体间建立良好的信任关系提供有效的途径，减少不确定性造成的风险，进而促进利用式学习。通过利用式学习，企业可以对组织知识进行重构、表达、吸收与利用，促进组织的知识生成。基于企业自身的知识库，企业可以对所获得知识进行理解与解释，以便将其转化为自身所拥有的新知识。由此，提出以下假设。

H5：利用式学习在互联网整合能力与知识生成之间起中介作用。

与利用式学习相比，探索式学习则更注重对知识信息的探索、发现与创新。互联网整合能力有利于组织探索与挖掘未知领域的知识信息，并与组织内部的知识整合，促进组织对新知识的吸收与运用。良好的互联网应用系统使组织可以对内部的资源、知识进行有效的整合与协调，促进探索性的学习活动。通过探索式学习，企业可以拓宽自身的知识视野，提高对新知识的认知、吸收与利用，进而促进知识生成（王春燕和张玉明，2018）。由此，提出以下假设。

H6：探索式学习在互联网整合能力与知识生成之间起中介作用。

7.2.5　学习导向——被调节的中介作用

组织学习及其作用的发挥受到学习导向的影响。学习导向表征组织创造和使用知识的倾向，既是组织对待学习的态度，也是组织内部学习环境的具体表现，可对组织的学习行为与学习效果的转化过程产生影响（李雪灵等，2013）。

已有研究指出，信息化背景下只有将组织的学习导向战略与互联网相关能力相结合才能为组织创造竞争优势（谢卫红等，2014）。在网络化的环境下，企业利用互联网整合能力识别外部潜在的机会，整合与协调内外部资源与能力过程中，良好的学习能力能够帮助企业以低成本和低风险获取、共享、整合、内化关键的知识资源，有利于推动组织的知识运用和提升新知识的利用速度等知识生成活动。在学习承诺、开放思维、共同愿景的影响下，有助于组织挑战传统的思维方式，实现突破性创新。学习导向影响企业的价值创造和学习倾向，可以帮助组织整合、内化知识，使企业实现持续创新，保持长期竞争优势（徐彪和张骁，2011）。同时，学习导向影响企业创造和使用各种形式的知识以及高层学习的程度，可以推动互联网整合能力促进知识生成路径的优化。该过程呈现组织学习能力增强的良性循环，学习导向进一步积极促进学习能力在互联网整合能力与知识生成间发挥中介效应（于淏川等，2017）。本书的理论模型如图 7 – 1 所示。由此，提出以下假设。

　　H7：学习导向正向调节探索式学习在互联网整合能力和知识生成的中介效应。

　　H8：学习导向正向调节利用式学习在互联网整合能力和知识生成的中介效应。

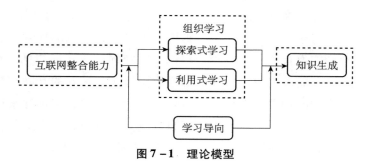

图 7 – 1　理论模型

7.3　互联网整合能力影响企业知识生成模型评价

　　结构方程模型可同时对观测变量与潜变量进行研究，对多个潜变量间的相互关系进行探索，在理论假设模型构建的基础上，运用调研数据进行实证拟合与假设检验，从而判断理论假设模型的情况，在模型拟合时通常使用极大似然估计法与最小二乘法，并可根据需要对模型进行修正。因此，在本章研究中选用结构方程模型对所提出的假设进行验证。在样本选择上，本书以我国多个城市多个行业的企业在互联网的应用作为研究对象，样本的选择具有广泛的代表性。

　　在进行假设检验之前，需要对相关变量的测量数据进行质量检验，主要通过对测量题项的信度与效度、区别效度、收敛效度进行评价，计算各构念间的相关系数矩阵提供描述性统计，并对结构方程模型整体的模型拟合度进行判断，基于此，运用结构方程模型对理论假设进行检验，通过 Bootstrap 方法分别检验中介效应和被调节的中介效应，具体运用 SPSS19.0 和 AMOS21.0 工具验证本章的研究假设。

7.3.1　信度与效度检验

　　本书使用 SPSS19.0 软件对问卷所得有效样本数据进行信度与效度检验，

检验结果如表 7 - 1 所示。从表中可知，各量表的 Cronbach's α 系数均大于 0.7 的建议值，表明各量表满足信度的要求（朱树婷，2016）。计算各变量的平均方差提取量（AVE）和组合信度（CR），本书中各量表的 AVE 均大于 0.5 或接近 0.5 的标准值，CR 均大于 0.7 的标准值，表明各量表具有较好的收敛效度。在表 7 - 2 中，各变量的 AVE 平方根大于其所在行与列的值，表明各变量满足区分效度的要求（Segars，1997）。信度与效度检验如表 7 - 1 所示。

表 7 - 1　　　　　　　　　　　信度效度检验

变量	变量说明	题项	载荷	Cronbach's α 系数	AVE	CR
互联网整合能力	IIC	本企业善于利用相关的互联网技术发现外部变化带来的新机会	0.746	0.739	0.562	0.837
		本企业能够利用互联网技术方便地访问来自客户、市场、竞争变化的相关数据	0.786			
		本企业能够利用互联网技术与外部合作伙伴进行无缝链接	0.742			
		本企业能够利用互联网技术整合相关的组织运作（设计、研发、采购、营销等环节）	0.722			
探索式学习	OL	本企业善于不断寻求新领域的市场/产品信息	0.678	0.728	0.486	0.789
		本企业善于对全新市场/产品知识的学习和掌握	0.775			
		本企业善于探索能学习全新技能的知识/信息	0.715			
		本企业善于搜索能学到全新技能的信息	0.609			
利用式学习	NK	本企业善于对已有知识进行精炼和挖掘	0.686	0.755	0.526	0.816
		本企业善于在当前从事的领域搜寻市场/产品信息	0.746			
		本企业善于积累能有效解决当前市场/产品问题的方法	0.718			
		本企业善于不断寻求新领域的市场/产品信息	0.749			
学习导向	LO	本企业的管理层认为学习能力是企业竞争优势的关键	0.690	0.725	0.478	0.820
		本企业的基本价值观之一是学习为公司进步的关键	0.723			
		新颖的想法在组织内得到重视	0.754			
		本企业所有员工都致力于组织目标的实现	0.626			
		本企业上下有着共同的目标	0.655			

续表

变量	变量说明	题项	载荷	Cronbach's α 系数	AVE	CR
知识生成	KG	企业内外部信息和知识交流与共享程度	0.740	0.710	0.494	0.795
		对知识的利用和对新技术的消化吸收的程度	0.715			
		接受和运用新知识的速度	0.692			
		本企业能够吸收与整合从外部获取的知识	0.660			

7.3.2 描述性统计与相关性分析

各变量间的均值、标准差与相关系数如表 7-2 所示,各变量之间存在显著的相关性,且各变量的方差膨胀因子(variance inflation factor,VIF)小于 3,低于阈值 10,表明各变量间不存在严重的多重共线性问题(朱树婷,2016;Aliken and West,1991)。互联网整合能力、探索式学习、利用式学习与知识生成间相关系数均为正向显著,初步支持了本书提出的部分研究假设。

表 7-2   相关性分析结果

变量	均值	标准差	1	2	3	4	5
互联网整合能力	3.5943	0.70956	**0.749**				
探索式学习	3.6617	0.60500	0.623 **	**0.697**			
利用式学习	3.7202	0.54092	0.381 **	0.434 **	**0.725**		
学习导向	3.7330	0.60338	0.673 **	0.618 **	0.334 **	**0.691**	
知识生成	3.5844	0.62159	0.606 **	0.562 **	0.405 **	0.627 **	**0.703**

注:对角线(粗体)为 AVE 的平方根,** p < 0.01。

7.3.3 模型拟合度检验

本书使用 AMOS21.0 来做结构方程构建,运用极大似然估计法,对本书提出的理论模型进行拟合,拟合结果如表 7-3 所示。由表 7-3 可知,模型的 $\chi^2/df = 2.095$,小于 5;GFI = 0.935,AGFI = 0.911,IFI = 0.920,CFI = 0.919,均大于 0.9;RMSEA = 0.054,小于 0.08,各项拟合指标均满足要求,表明互联网整合能力与知识生成之间的整体框架模型与用于检验假设的数据高度匹配,观测数据对模型拟合效果较为理想。

表 7 - 3　　　　　　　　　　　　模型拟合结果

拟合指标	χ^2/df	RMSEA	AGFI	GFI	IFI	CFI	TLI
拟合值	2.095	0.054	0.911	0.935	0.920	0.919	0.903
结论	满足	满足	满足	满足	满足	满足	满足

7.4　实证结果分析

7.4.1　整体模型关系检验

理论模型检验结果如图 7 - 2 所示，研究假设检验结果如表 7 - 4 所示。互联网整合能力对探索式学习的非标准化系数为 0.764，标准化路径系数为 0.880，p < 0.001，表明互联网整合能力对探索式学习存在显著的正向影响，H1 得到验证；互联网整合能力对利用式学习的非标准化路径系数为 0.527，标准化路径系数为 0.665，p < 0.001，支持了互联网整合能力对利用式学习之间的正向关系，H2 得到验证；探索式学习对知识生成的非标准化路径系数为 0.759，标准化路径系数为 0.695，p < 0.001，表明探索式学习对知识生成存在显著的正向影响，H3 得到验证。利用式学习对知识生成的非标准化路径系数为 0.330，标准化系数为 0.277，p < 0.05，验证了利用式学习对知识生成的促进作用，支持了 H4。

表 7 - 4　　　　　　　　　　研究假设路径检验

路径	非标准化系数	标准化系数	S. E.	C. R.	p	支持性
互联网整合能力→探索式学习	0.764	0.880	0.080	6.615	***	支持
互联网整合能力→利用式学习	0.527	0.665	0.087	8.784	***	支持
探索式学习→知识生成	0.759	0.695	0.123	6.168	***	支持
利用式学习→知识生成	0.330	0.277	0.123	2.680	0.007	支持

注：** p < 0.05。

7.4.2　中介效应检验

对于中介作用的检验方法，可追溯至巴伦和肯尼（Baron and Kenny，1986）的研究，他们提出通过逐步检验 a、b 的显著性来判定中介效应是否存在（见图 7 - 3）。作为补充索贝尔（Sobel，1982）提出系数乘积检验法，即检测 a × b 的显著性来判断中介效应是否存在。但是 Sobel 的检验需要假定 a × b

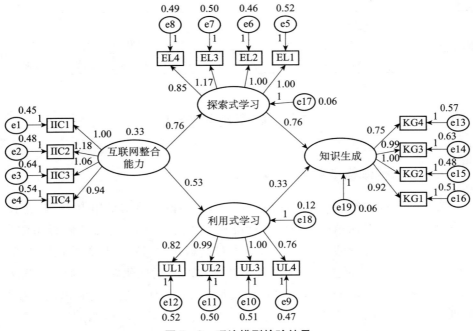

图 7-2　理论模型检验结果

服从正态分布，而这一点往往很难达到（Bollen and Stine，1990）。之后，麦金农等（Mackinnon et al.，2007）学者给出了改进方法。因此，本书采用 Mackinnon 的方法检验战略柔性的中介效应，通过 bootstrap 的抽样方法，进行 1500 次模拟，并选择 95% 水平上的置信区间。该方法既可以有效避免估计偏差，也可以弥补样本量有限的问题（Fritz and Mackinnon，2007）。检验结果如表 7-5 所示，待检验中介探索式学习与利用式学习的置信区间都不包含零点，表明可以拒绝中介效应不存在的原假设，即探索式学习与利用式学习在互联网整合能力和企业知识生成间存在中介效应，进一步支持了本书的研究 H5、H6。这意味着，企业互联网整合能力要能够对知识生成产生影响，应当建立在双元组织学习能力构建的基础上。

表 7-5　　　　　　　　　　　中介效应检验

因变量	待检验中介	路径 a		路径 b		变量相关系数	置信区间	
		系数	标准误	系数	标准误		Lower	Upper
互联网整合能力	探索式学习	0.782	0.088	0.783	0.123	0.811	0.34160	0.95578
	利用式学习	0.534	0.08	0.282	0.117	0.811	0.02233	0.34035

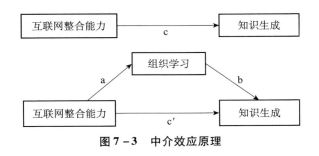

图 7 – 3　中介效应原理

7.4.3　被调节中介效应检验

为检验 H5 被调节的中介效应，本书研究运用海斯（Hayes）教授于 2013 年开发的能够嵌入 SPSS 软件中的 PROCESS 宏程序，该程序可用于对各种中介模型、调节模型以及两者组合模型的检验，在近年的研究中越来越受到青睐。由于本书中学习导向可能影响探索式学习与利用式学习的中介作用，因而将学习导向作为调节变量。PROCESS 自动将调节变量在均值的基础上分别增加或者减少一个标准差，分为高值和低值。同时，本书研究中将 bootstrapping 次数设置为 1500 次，根据调节变量的不同水平（强/弱学习导向）在 95% 显著性水平上置信区间内是否包含 0 来判断被调节的中介效应是否存在。检验结果如表 7 – 6、表 7 – 7 所示。当中介变量为探索式学习时，强弱学习导向的间接效应值均为正向，并且在 95% 的水平上置信区间不包含 0，表明被调节的中介效应是存在的，学习导向对探索式学习在互联网整合能力与企业知识生成间的中介效应具有调节作用，进一步支持了 H7 被调节的中介效应。当中介变量为利用式学习时，强弱学习导向的间接效应值均为正向，但是强弱学习导向在 95% 的水平上置信区间包含 0，表明学习导向对利用式学习的中介作用的调节效应不存在，H8 没有得到验证。

表 7 – 6　　学习导向作为调节变量调节探索式学习的中介过程检验

中介变量	调节变量	间接效应	SE	95% 置信区间	
				低	高
探索式学习	强学习导向	0.0653	0.0312	0.0129	0.1349
	弱学习导向	0.0651	0.0262	0.0162	0.1188

表7-7　　　　学习导向作为调节变量调节利用式学习的中介过程检验

中介变量	调节变量	间接效应	SE	95%置信区间	
				低	高
利用式学习	强学习导向	0.0436	0.0258	-0.0016	0.1008
	弱学习导向	0.0370	0.0194	-0.0085	0.0856

7.5　结论与启示

本书从组织学习的视角探讨互联网整合能力影响企业知识生成的路径，分析了学习导向对于组织二元学习中介效应的调节作用（Zhuang et al.，2020）。研究得到以下结论：首先，互联网整合能力正向影响组织的利用式学习与探索式学习。互联网整合能力包含组织利用互联网发现与挖掘潜在的机会以及对组织内外部资源协调的维度，互联网整合能力有助于组织对新知识的探索与开发，丰富企业的知识库，也能促进组织对已有知识的重新审视与利用，优化企业的知识库。可以说，网络化环境下互联网整合能力是企业进行二元学习的必要基础。其次，探索式学习与利用式学习均在互联网整合能力与企业知识生成之间具有中介作用。二元学习是组织知识积累的途径，探索式学习和利用式学习是二元学习的核心。通过二元学习的传导作用，有助于企业利用互联网整合能力推动对知识的接受、吸收、应用等知识生成活动的进行。最后，组织的学习导向越强，探索式学习在互联网整合能力与企业知识生成的中介效应就越强。学习导向作为一种嵌入组织文化环境中的学习态度，影响探索式学习中介效应的发挥。具有较强学习导向的企业，重视学习，包容开放，树立愿景的组织氛围使组织跳出当前的思维模式（李雪灵等，2013），探索新领域创造新知识，进而增强探索式学习的中介效应。而利用式学习侧重对现有知识的深入理解与扩展现有知识的应用范围，相较而言，无论学习导向强弱，均不影响利用式学习的桥梁作用。这一研究结论从侧面反映了良好学习导向对推动探索式学习具有重要作用。

本书为互联网背景下的中国企业促进组织知识生成实现技术创新与成果转化提供了借鉴。第一，企业的经营管理者应当认识到互联网整合能力对知识信息等资源的共享交流、内外部资源协调的促进作用。企业应当充分重视互联网整合能力的提升，利用互联网整合能力促进组织二元式学习。首先要关注互联网的机会识别功能，善于对互联网上的海量信息进行处理，有助于组织从中学习拓展知识范围，并及时关注到当前市场需求的变化以对组织现有知识进行调整，进而促进组织对内外部知识的吸收与运用效率。其次，要注重互联网对组织内外部资源整合的功能，完善的互联网应用系统可以推动组织内部的知识观点碰撞产生新知识新想法，以及对已有知识的改进应用。最后，重视互联网对组织内外部的协调功能，积极引导员工通过互联网应用沟通交流进行知识共享，促进对新知识的获取，扩展已有知识的应用范围，提高知识应用效率，提升组织探索式学习与利用式学习在互联网整合能力与企业知识生成间的中介作用。第二，组织应当尽早建立组织内良好的学习氛围，培育起注重学习、包容开放、具有清晰愿景的组织文化，减少对企业探索式学习的障碍，推动企业探索性学习活动的开展，强化探索性学习在互联网整合能力与企业知识生成的桥梁作用，促进企业知识生成。

7.6　本章小结

本章分析了互联网整合能力和企业知识生成关系中探索式学习与利用式学习的中介作用。具体而言，本章研究发现了互联网整合能力通过二元式学习所产生的间接影响，即探索式学习与利用式学习在互联网整合能力与企业知识生成间具有中介作用。此外，本书考察了学习导向在二元式学习中介作用中的调节效应，发现学习导向越强，互联网整合能力通过探索式学习影响企业知识生成的中介作用越强。

第8章 互联网应用能力影响企业 知识创造绩效研究

在第 7 章关于组织学习视角下互联网整合能力驱动企业知识生成研究的基础上,本章进一步探讨了互联网应用能力对企业知识创造绩效的触发作用与提升路径。基于前面关于互联网环境下企业知识创造特征、驱动因素、影响机制理论分析的基础,本章首先提出理论模型与研究假设;其次检验各变量的信度与效度,对变量进行描述性分析,判断各构念的区分效度,以及对模型的适配度进行分析;再次通过结构方程方法验证所提出的假设以及通过层次回归方法检验产业链信息化密度的调节作用;最后对实证研究结果进行讨论。

8.1 引言

互联网的发展提供了"连接经济"的能量,加速了知识信息的传播,扩大了企业知识搜索范围,突破了企业边界在全球范围寻求合作创新的可能,促进了新知识、新技术与新组织形态的扩散,改变了传统的组织管理模式和创新方式(郭家堂和骆品亮,2016)。对企业而言,一方面在市场交易中顾客权力增大,旧的商业模式与经营方式受到挑战(庄贵军等,2016),迫使企业适应"时基竞争"加快创新的步伐(Eisenhardt and Martin,2000)。企业产品与技术创新的过程在于对显隐性知识的开发、共享、创造与转化应用(戴万亮等,2012)。而知识创造绩效实现是企业通过知识创造相关的人员、经费、知识等投入资源配置,实现资源投入与知识产出的转换绩效,其重点在于"创造和运用",将知识创造转化为生产力实现知识创造的应用经济效益(侯建和陈恒,2017)。其作为创新过程的重要一环是企业建立先发优势、实现增值与成长的关键(蔡跃洲,2015)。另一方面网络化情境下为企业带来一种新的能力——互联网应用能力，即企业利用互联网相关的基础设施、资源与平台实现企业目标的能力（Wade and Hulland，2004；庄贵军等，2016）。互联网应用能力为知识信息的获取、存储、共享和传播提供了重要支持，增加了企业间的合作与降低创新的成本（Mao et al.，2016），帮助企业建立外部社会资本，促进了企业成员之间的网络无缝对接，为企业识别与预测环境变化提供保证（Zhu et al.，2006）。此外，互联网改变市场结构与竞争规则，为企业创造市场机遇提供新方式（王永健等，2012），驱动企业对市场偏好变化的正确判断以及生产出满足市场需求的产品和服务，最终影响了知识创造绩效实现的效率与效果。因此，企业如何通过提升互联网应用能力，最大限度地适应突变的环境，主动创造与抓住机会，以确保知识创造绩效的顺利实现？不同类型互联网应用能力分别通过哪些路径影响知识创造绩效？怎样的提升路径才是最有效的？以上问题有必要进一步拓展。

通过对现有文献的阅读与梳理，我们识别了以往研究中有待完善的地方。首先，不同类型互联网应用能力与知识创造绩效之间的关系尚不明确，需要进一步探讨。以往研究多将互联网能力作为一个整体进行研究，而忽视了不同类型互联网应用能力影响的差异性。不同类型的互联网应用能力具有不同的属性，可能导致不同的结果与有效性（Mao et al.，2016）。因此，有必要进一步考虑不同类型互联网应用能力对知识创造绩效实现的触发作用。其次，从动态能力观的视角来看，创新是多因素驱动下的复杂过程（Alipour and Karimi，2011），创新过程在受到组织互联网应用能力影响的同时，也不可避免地受到双元战略柔性的影响（前瞻型战略柔性和反应型战略柔性）（Celuch et al.，2007）。动态不确定的环境中，"主动"与"被动"的柔性水平甚至会影响知识创造绩效实现的效率与效果。但以往研究往往忽视从双元性角度探讨战略柔性的传导作用，同时考虑战略柔性的双元特征才能更好地考察知识创造绩效的提升路径。最后，嵌入产业价值链中的企业在内部运行时必然受到外部因素的影响。而在互联网能力与组织绩效的相关研究中，虽然考虑了特定的背景因素：产业类型、竞争强度、环境不确定性、信息强度等潜在的调节因素（Wade and Hulland，2004；Ross et al.，1996；Teo and King，1997；Mao et al.，2014），但鲜有考虑互联网背景下的产业链信息化密度的影响。高产业链信息化密度会增加企业获取、分析、整合知识信息的必要性，为互联网的创新运用带来机会与挑战（陶俊等，2017）。因此，有必要将产业链信息化密度列入考察视角。基于以上考虑，本书针对中国企业面临的互联网背景，界定互联网应用能力的概念，将其划分为：互联网设施运用能力、互联网业务跨越能力、互联网运用积极立场三个维度，探讨三种类型互联网应用能力对知识创造绩效影响的逻辑路径，并考察双元战略柔性的中介效应和产业链信息化密度的调节效应，以期丰富相关理论并指导企业实践。

8.2　假设提出及其理论依据

8.2.1　相关概念界定

（1）互联网应用能力。基于资源基础观，互联网应用能力被视为组织获取可持续竞争优势的关键要素（Bharadwaj，2000；Ross et al.，1996）。本书将互联网应用能力定义为组织获取、部署、组合和重新配置互联网资源以支持和提高商业战略和工作流程的能力（Bharadwaj，2000；Ross et al.，1996；Mao et al.，2014）。学者们根据各自研究目的提出了对互联网能力的不同理解并将其分为不同的维度（Wade and Hulland，2004；Lu and Ramamurthy，2011；Ross et al.，1996）。但普遍认为，互联网能力不仅是一种技术能力，更是体现企业互联网资源与组织内部相关资源和能力结合程度的一种组织能力。在众多的研究中，卢和拉马穆尔蒂（Lu and Ramamurthy，2011）提供了一个整合多维度的研究框架，本书沿用卢和拉马穆尔蒂的划分方法将互联网应用能力划分为互联网设施运用能力、互联网业务跨越能力、互联网运用积极立场，这三个研究维度被视为组织实践的代表，不仅涵盖对企业互联网资源的质量测量，也包括了对企业管理资源能力的评价。

在三个维度中，互联网设施运用能力是一个企业部署共享平台的能力，体现了企业在数据管理服务与架构、网络通信服务、应用程序组合与服务等方面的能力（Lu and Ramamurthy，2011；Weill et al.，2003）。互联网业务跨越能力是企业预见和利用互联网资源以支持和提升商业目标的能力，体现了企业的信息技术战略眼光，整合商业与信息技术战略规划并对企业的互联网投资价值的认知能力（Lu and Ramamurthy，2011；Weill et al.，2003）。互联网运用积极立场被定义为组织利用互联网开发创新资源或探索可获得的互联网资源以创造和运用商业机会、获取竞争优势的能力（Lu and Ramamurthy，2011）。互联网运用积极立场衡量了组织对于互联网使能的创新和互联网价值的态度。

（2）战略柔性。网络化环境下企业所处环境更具复杂性与动荡性，对企业的战略柔性提出了新要求。战略柔性，强调企业在动荡和难以预测的环境中，通过主动或被动的方式应对外部潜在的机会或者威胁，以有效控制风险和不确定性，提升组织竞争优势（Ansoff，1965；张红兵，2015）。沃伯德（Volberda，1996）认为，战略柔性本质上是一种管理能力，具有管理方式多样化和反应速度快的特点。埃文斯（Evans，1991）指出，战略柔性既体现为组织抓住机会主动出击的一面，也体现为应对未知变化而事前防御的一面。在此基础上，一些学者识别了战略柔性的主动性和被动性的双元特征（Johnson et al.，2003），他们将其分为前瞻型战略柔性和反应型战略柔性。前瞻型战略柔性是指企业采取"先发制人"的战略举措，主动对未来环境进行预测的能力（罗斯等，1996；Johnson et al.，2003），例如加快向市场引入新产品或者服务的速度、在市场中夺取主动权等（范志刚和吴晓波，2014）；反应型战略柔性则表示企业对现有环境变化作出反应的快速性和有效性，其关键在于反应速度（范志刚和吴晓波，2014）。战略柔性的双元特征反映了其本身动态演进的过程。在这一动态过程中，企业既有可能通过一些规避性的举措来降低损失风险以适应环境变化，也有可能采取一些先发制人的主动性措施以抢占先机（王永健等，2012）。本质上，战略柔性就是前瞻型与反应型的反复较量、不断平衡的过程（王永健等，2012）。因此，本书认为，战略柔性是企业根据自身可配置的资源和能力，运用战略创新主动促成或者被动适应组织内外部环境变化的能力。在战略柔性的维度上，本书将其划分为前瞻型战略柔性和反应型柔性两个方面。

（3）产业链信息化密度。当前我国处于转型时期，信息技术的崛起与快速发展影响着企业的组织形式及其经营管理的各个环节（Volkoff et al.，2007）。企业的信息化问题日益受到学者们的关注。信息化密度是指企业对信息化投入的密集程度，可以用信息化投入占比固定投入或资本投入的比重高低来表征（李坤望等，2015）。而产业链信息化密度主要刻画企业所处产业链各个环节对信息化的应用和依赖程度（刘军，2016；李波和梁双陆，2017），可通过产业链各个环节信息化使用频率等指标进行度量（Melitz，2003；杨曼和王仁祥，2017）。产业链信息化密度越高，越有利于企业获取产业链各个环节的知识、信息与技术，提高企业之间的沟通频率，促进各个环节的知识共享，为企业获取知识、共享知识、交互沟通、创造知识提供外在条件，为实现知识创造绩效奠定了潜在的基础。

（4）知识创造绩效。知识创造的经典理论指出，知识创造是组织隐性知识与显性知识相互转化的螺旋上升过程，包括社会化、外部化、内部化、组合化四个循环往复的阶段（周全和顾新，2013）。对其成效不同学者根据自己的研究视角和关注点提出了不同的解释。李民等（2014）研究指出，CoPS 知识创造有效性应同时考虑个人、项目与团队三个方面，可从知识创造主体感知效果和创造目标事实效果衡量。赵圆圆（2015）认为，知识创造绩效是企业对组织内知识资产进行重新组织后，在工作中具体实施并创造新知识的实际应用价值。梁娟等（2015）、庄等（Zhuang et al.，2018）则通过企业创新产品成功率、推出新产品和服务以及创新降低生产成本等指标测量知识创造绩效。综合上述学者的观点，本书将知识创造绩效定义为企业通过知识创造相关的人员、经费、知识等投入资源配置，实现资源投入与知识产出的转换绩效，其重点在于"创造和运用"，将知识创造转化为生产力实现知识创造的应用经济效益（侯建和陈恒，2017）。

8.2.2　企业互联网应用能力与知识创造绩效的关系

基于知识的理论研究指出，企业的竞争优势来源于对知识的获取、创造与应用，并能够提供产品和服务的附加价值（Grant，1996）。互联网应用能力是有效促进知识获取、共享、创造、转化和利用的核心能力。在互联网设施运用能力上，凯恩等（Kane et al.，2007）表明，组织通过网络交互社区、视频会议等信息技术应用，使员工可以共享、转移新消化的知识，并促进新知识在组织内的流动与转化；李等（Lee et al.，2005）认为，利用知识仓库、数据库等信息技术应用，有利于企业对新旧知识的分析与融合，帮助员工创造新知识及促进新知识的应用。在互联网业务跨越能力上，卢等（Lu et al.，2011）指出，互联网和业务活动的协同保证了组织对外部创新快速、高效的反应，特别是对组织的业务流程、信息系统等进行根本性变化的创新活动。并且信息技术和业务主管间的协作关系是基于信息技术的持续性创新的基础（Sawy et al.，1999）。在互联网运用积极立场上，查希尔等（Zaheer et al.，1997）研究发现，利用全球的信息网络可以帮助企业主动获取关于产品价格、创新趋势等信息，这种积极的立场使企业能够发现市场机会并快速地抓住这些机会，促进组织创造的知识转化为应用经济效益。由此，提出以下假设。

H1a：企业互联网设施运用能力对知识创造绩效有显著的正向影响。

H1b：企业互联网业务跨越能力对知识创造绩效有显著的正向影响。

H1c：企业互联网运用积极立场对知识创造绩效有显著的正向影响。

8.2.3　企业互联网应用能力与战略柔性的关系

互联网应用能力是增强组织战略柔性的有力武器（Fernández – Mesa et al.，2014）。哈奇和茨威格（Hatch and Zweig，2001）的研究指出，企业赖以生存和发展的能力是由它们"修正自身的竞争地位，调整价值主张、针对不同的客户群体、快速感知外部环境的变化"来实现外部环境与内部资源的匹配。进一步地，博因顿（Boynton，1993）认为，企业需要利用信息技术应对复杂多变的市场和产品及工艺信息的开发、聚合以及传播，才能在竞争激烈的商业环境中立足。一些学者意识到从动态能力视角认识互联网的战略角色，认为互联网能力可以作为企业构建与可持续竞争优势有关的动态能力（如组织的战略柔性）的资源，以协助企业的长期成功（谢卫红和王永健，2012；Teece，2007）。具体而言，第一，卓越的互联网设施运用能力保障了数据的标准化与集成性，为企业提供了一个全球性的整合平台，使企业可以即时、准确、全面地进行知识的收集与共享，从而提升了决策的有效性和战略的灵活性（Mao et al.，2016）。第二，互联网业务跨越能力强调战略与互联网规划的集成，以及信息技术与业务流程的协同（Wade and Hulland，2004）。针对目标的业务流程进行信息系统的设计能够使各业务流程的知识、信息到达所需的业务单元，增加组织内的沟通与决策效率，提升组织对外部环境变化反应的有效性与准确性。此外，如果组织对互联网的商业价值能够有更深入全面的认识，则可以更有效地利用互联网前瞻型的改变与塑造对企业有利的环境。第三，互联网运用的积极立场有助于组织寻求互联网使能的创新，为组织适应外部环境变化提供多样化的选择（Mao et al.，2014），使企业更主动地应对动态环境。由此，提出以下假设。

H2a：企业互联网设施运用能力对前瞻型战略柔性有显著的正向影响。

H2b：企业互联网设施运用能力对反应型战略柔性有显著的正向影响。

H2c：企业互联网业务跨越能力对前瞻型战略柔性有显著的正向影响。

H2d：企业互联网业务跨越能力对反应型战略柔性有显著的正向影响。

H2e：企业互联网运用积极立场对前瞻型战略柔性有显著的正向影响。

H2f：企业互联网运用积极立场对反应型战略柔性有显著的正向影响。

8.2.4　企业战略柔性与知识创造绩效的关系

已有相关研究大多肯定了战略柔性对企业创新绩效的正向作用，并指出利用战略柔性有助于识别和满足客户的需求，为组织创造更高的客户价值，进而提升企业的市场竞争力（Teece，2007；Tao and Rongxia，2011）。前瞻型战略柔性是企业为夺取市场主动权、维持组织敏捷性而采取的"先发制人"举措的能力，使企业更容易获取新的资源和知识，主动预测和挖掘具有高潜力、高增长市场的能力（Alipour and Karimi，2011），进而推动企业将知识创造转化为具有经济价值的产品或者服务。反应型战略柔性则体现为企业对现有外部环境作出反应与调整的能力，而成熟市场中的企业通常具有更强的市场适应能力（范志刚和吴晓波，2014）。企业通过提升与拓展现有的技术、能力和范式，更灵活地利用已有资源，进而推动企业成功开发出满足市场需求的产品或服务以保持市场地位，并为企业开辟未来创新的通道（张红兵，2015；Tao and Rongxia，2011）。相较而言，反应型战略柔性对于拓展组织运营方式具有较低风险，在现有知识与资源的支撑下，可以提高创新战略实施的成功率（范志刚和吴晓波，2014），推动知识创造绩效的实现。由此，提出以下假设。

H3a：企业前瞻型战略柔性对知识创造绩效有显著的正向影响。

H3b：企业反应型战略柔性对知识创造绩效有显著的正向影响。

8.2.5　战略柔性的中介作用

战略柔性被广泛认可为 21 世纪组织获取竞争优势和提升绩效的关键（Hitt et al.，1998）。作为典型的动态能力，战略柔性可以视为企业配置资源的才能，其具备组织能力所包含的基本特征，因而战略柔性应当以信息为基础，充当组织"资源"与"竞争优势"的"中介物"（林亚清和赵曙明，2013）。资源观视角的学者指出，基于信息系统支持的战略柔性有利于企业市场竞争力的提升（Zhang，2005）。已有文献表明，战略柔性对信息技术能力与企业绩效之间的关系起到中介作用（Alipour and Karimi，2011）。良好的互联网设施运用能力、业务跨越能力和互联网运用的积极立场帮助组织及时根据现有环境的变化作出调整和主动预测、识别环境中的潜在机会要素，从而使组织可以准确地判断市场偏好，并将知识创造转化为满足市场需求的产品与服务，实现知识创造绩效。因此，本书认为，战略柔性是作为互联网应用能力与知识创造绩效间的中介者。由此，提出以下假设。

H4a：企业前瞻型战略柔性在互联网设施运用能力和知识创造绩效间起到中介作用。

H4b：企业反应型战略柔性在互联网设施运用能力和知识创造绩效间起到中介作用。

H4c：企业前瞻型战略柔性在互联网业务跨越能力和知识创造绩效间起到中介作用。

H4d：企业反应型战略柔性在互联网业务跨越能力和知识创造绩效间起到中介作用。

H4e：企业前瞻型战略柔性在互联网运用积极立场和知识创造绩效间起到中介作用。

H4f：企业反应型战略柔性在互联网运用积极立场和知识创造绩效间起到中介作用。

8.2.6　产业链信息化密度的调节作用

随着信息技术的飞速发展，产业信息化问题越来越受到学者们的关注。杨曼和王仁祥（2017）的研究证实了产业链信息化密度对企业研发联盟倾向的积极影响；并且信息化密度较高的产业，信息技术对产业增长的促进作用更大（李波和梁双陆，2017）；李坤望等（2015）指出，信息化密度高的企业更倾向于选择出口。可见，当前对于信息化密度的研究主要将其作为绩效的影响因素之一，而将其作为调节因素进行研究还有待进一步探讨。产业链信息化密度反映了企业所处产业链各环节的信息化程度，其对互联网应用能力与战略柔性间的影响作用主要体现在：首先，当产业链各环节的信息化密度越高时，企业可以通过基于互联网或者基于知识的平台和渠道获取产业链各环节的技术、信息和知识，提升组织的信息获取能力（Mao et al.，2014），为企业应对当前环境变化与采取先发战略决策奠定了潜在基础；其次，产业链信息化密度越高，企业更有可能培养高水平的互联网应用能力来适应产业链的信息化情况，从而使组织可以针对市场和客户的需求提供快速的反应（Mao et al.，2014）；最后，产业链信息化密度的提升，有利于提高各环节企业的沟通频率，促进企业间的知识共享和组织学习，帮助企业及时感知外部环境变化并作出适应性调整与预测可能的潜在机会并主动出击。由此，提出以下假设。

H5a：产业链信息化密度在互联网应用能力和前瞻型战略柔性之间存在调节作用。

H5b：产业链信息化密度在互联网应用能力和反应型战略柔性之间存在

调节作用。

　　基于以上假设，构建了本书的理论研究模型，如图 8－1 所示。

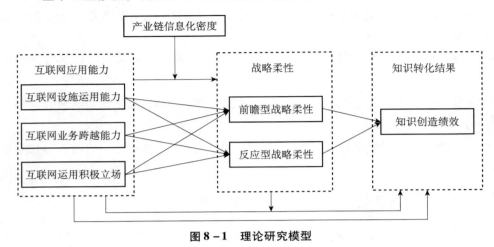

图 8－1　理论研究模型

8.3　互联网应用能力影响知识创造绩效模型评价

　　本章应用结构方程模型对互联网应用能力影响知识创造绩效的模型进行假设检验，并结合层次回归分析法对产业链信息化密度在互联网应用能力与战略柔性间的调节作用进行检验。在样本选择上，本书收集来自我国多个城市多个行业的企业在互联网的应用作为研究对象，样本的选择具有广泛的代表性。另外，借鉴已有研究成果（Lu and Ramamurthy，2011；Mao et al.，2014），本章选择企业年龄、企业规模、IS 年龄、是否为高新技术企业共四个变量作为控制变量。其中，是否为高新技术企业采用二分法编码：高新技术企业记为 1，非高新技术企业记为 0。

　　为保证研究结果的真实性与适用性，须于假设检验前对问卷数据进行质量检验，先分析测量题项的信度与效度、区别效度、收敛效度，并对各构念进行描述性统计分析，以及对结构方程模型整体的模型拟合度进行判断，基于此，运用结构方程模型对理论假设进行检验，以及通过层次回归分析法对调节效应进行验证，具体运用 SPSS19.0 和 AMOS21.0 工具验证本章的研究假设。

8.3.1　信度和效度分析

在进行假设检验之前，为确保各变量测量的可靠性与有效性，需进行信度和效度检验。因此，本书研究使用 SPSS19.0 对各个构面的信度进行检验。检验结果如表 8 - 1 所示，可以看到所用变量的 Cronbach's α 值均大于建议的 0.7 水平，说明各变量达到了研究的信度要求（朱树婷，2016）。对各个影响因素的探索性因子分析结果中，KMO 值为 0.901，Bartlett 球形检验显著性水平为 0.000，适合进行因子分析。而在收敛效度方面，计算各变量的平均方差提取量（AVE）和组合信度（CR），各变量的 AVE 均高于 0.5，组合信度 CR 均高于 0.7，满足了收敛效度的要求。在区分效度方面，根据表 7 - 2，各变量的 AVE 的平方根大于其所在行与列的值，说明各变量具有较好的区分效度。信度与效度检验如表 8 - 1 所示。

表 8 - 1　　　　　　　　　量表信度和效度检验

变量	测量项目	因素载荷	变量	测量项目	因素载荷
互联网设施运用能力	IUC1	0.722	互联网业务跨越能力	IBC1	0.766
	IUC2	0.785		IBC2	0.739
	IUC3	0.778		IBC3	0.793
	IUC4	0.769		IBC4	0.760
Cronbach's α = 0.762，CR = 0.848，AVE = 0.583			Cronbach's α = 0.763，CR = 0.849，AVE = 0.585		
互联网积极立场	IPC1	0.756	反应型战略柔性	RSP1	0.757
	IPC2	0.776		RSP2	0.750
	IPC3	0.828		RSP3	0.745
	IPC4	0.770		RSP4	0.747
Cronbach's α = 0.788，CR = 0.864，AVE = 0.613			Cronbach's α = 0.740，CR = 0.837，AVE = 0.562		
前瞻型战略柔性	PSP1	0.753	产业链信息化密度	ID1	0.770
	PSP2	0.700		ID2	0.753
	PSP3	0.759		ID3	0.808
Cronbach's α = 0.700，CR = 0.782，AVE = 0.544			Cronbach's α = 0.734，CR = 0.821，AVE = 0.604		
知识创造绩效	KCP1	0.705			
	KCP2	0.760			
	KCP3	0.719			
	KCP4	0.750			
Cronbach's α = 0.713，CR = 0.823，AVE = 0.539					

变量标识说明：互联网设施应用能力 IUC，互联网业务跨越能力 IBC，互联网运用积极立场 IPC，前瞻型战略柔性 PSP，反应型战略柔性 RSP，知识创造绩效 KCP，产业链信息化密度 ID。

8.3.2　相关性分析

表 8－2 是各变量的均值、标准差与相关系数。所有变量之间均具有不同程度的相关性且相关系数并不太高；且各变量的方差膨胀因子（VIF）均小于 3，低于阈值 10，表明可排除多重共线性问题。互联网设施运用能力、互联网业务跨越能力、互联网运用积极立场、战略柔性与知识创造绩效间的相关系数均为正向显著，初步支持了本书的部分假设。

表 8－2　　　　　　　　　　　　相关性分析结果

变量	均值	标准差	IUC	IBC	IPC	RSP	PSP	ID	KCP
互联网设施运用能力	3.7817	0.67387	**0.764**						
互联网业务跨越能力	3.5238	0.70737	0.668 **	**0.765**					
互联网运用积极立场	3.6955	0.69727	0.686 **	0.671 **	**0.783**				
前瞻型战略柔性	3.6779	0.62855	0.506 **	0.484 **	0.514 **	**0.750**			
反应型战略柔性	3.7287	0.62193	0.551 **	0.613 **	0.583 **	0.678 **	**0.738**		
产业链信息化密度	3.5865	0.60258	0.637 **	0.635 **	0.659 **	0.545 **	0.579 **	**0.777**	
知识创造绩效	3.2481	0.49606	0.509 **	0.583 **	0.555 **	0.560 **	0.585 **	0.448 **	**0.734**

注：对角线（粗体）为 AVE 的平方根，** $p < 0.01$。

8.4　实证研究分析

本书运用 AMOS21.0 构建结构方程，采用极大似然估计法，对本书提出的理论模型进行拟合，模型拟合结果如表 8－3 所示。由表 8－3 可知，各项拟合指标均满足要求，表明互联网应用能力与知识创造绩效之间的整体框架模型与用于检验假设的数据高度匹配。理论模型检验结果如图 8－2 所示。

表 8 - 3   模型拟合结果

拟合指标	χ^2/df	RMSEA	AGFI	GFI	IFI	CFI	TLI
拟合值	1.608	0.039	0.917	0.937	0.960	0.959	0.951
结论	满足	满足	满足	满足	满足	满足	满足

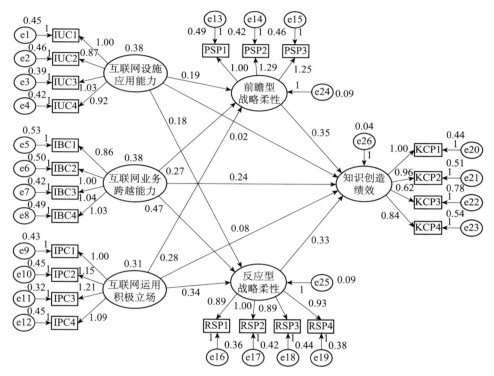

图 8 - 2   理论模型检验结果

8.4.1   互联网应用能力、战略柔性与知识创造绩效影响分析

由表 8 - 4 可以看出，互联网业务跨越能力对知识创造绩效的直接影响路径显著（β = 0.241，p < 0.05），支持了 H1b；互联网设施运用能力（β = 0.017，p > 0.05）与互联网运用积极立场（β = 0.081，p > 0.05）对知识创造绩效的直接影响路径不显著，H1a、H1c 没有得到支持。互联网设施运用能力、互联网业务跨越能力、互联网运用积极立场对前瞻型战略柔性与反应型战略柔性存在显著正向作用，H2a、H2b、H2c、H2d、H2e、H2f 得证。前瞻型战略柔性（β = 0.348，p < 0.05）与反应型战略柔性（β = 0.333，p < 0.05）对知识创造绩效的正向作用显著，H3a、H3b 得证。

表 8 - 4　　　　　　　　　　研究假设路径检验

路径	Estimate	S. E.	C. R.	P	支持性
互联网设施运用能力→知识创造绩效	0.017	0.062	0.268	0.789	不支持
互联网业务跨越能力→知识创造绩效	0.241	0.102	2.362	0.018	支持
互联网运用积极立场→知识创造绩效	0.081	0.086	0.941	0.347	不支持
互联网设施运用能力→前瞻型战略柔性	0.189	0.048	3.903	* * *	支持
互联网业务跨越能力→前瞻型战略柔性	0.267	0.053	5.015	* * *	支持
互联网运用积极立场→前瞻型战略柔性	0.276	0.057	4.807	* * *	支持
互联网设施运用能力→反应型战略柔性	0.182	0.048	3.786	* * *	支持
互联网业务跨越能力→反应型战略柔性	0.474	0.064	7.405	* * *	支持
互联网运用积极立场→反应型战略柔性	0.339	0.059	5.752	* * *	支持
前瞻型战略柔性→知识创造绩效	0.348	0.140	2.493	0.013	支持
反应型战略柔性→知识创造绩效	0.333	0.148	2.248	0.025	支持

注：*** p < 0.001。

8.4.2　战略柔性中介效应检验

本书采用麦金农等（Mackinnon et al. , 2007）的方法检验战略柔性的中介效应，通过 bootstrap 的抽样方法，进行 1500 次模拟，并选择 95% 的置信区间。该方法既可以有效避免估计偏差，也可以弥补样本量有限的问题（Fritz and Mackinnon, 2007），中介效应原理如图 8 - 3 所示。检验结果如表 8 - 5 所示，待检验中介前瞻型战略柔性与反应型战略柔性的置信区间不包含零点，表明可以拒绝中介效应不存在的原假设，即双元型战略柔性在三种互联网应用能力和知识创造绩效间存在中介效应。进一步支持了 H4a、H4b、H4c、H4d、H4e、H4f。这意味着，企业互联网应用能力要能够对知识创造绩效产生影响，应当建立在战略柔性这一动态能力构建的基础上。

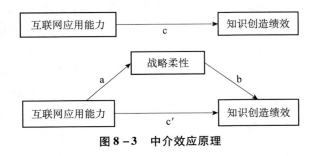

图 8 - 3　中介效应原理

表 8 - 5   中介效应检验

因变量	待检验中介	路径 a		路径 b		变量相关系数	置信区间	
		系数	标准误	系数	标准误		Lower	Upper
互联网设施运用能力	前瞻型战略柔性	0.189	0.048	0.348	0.140	0.204	0.01181	0.14345
互联网业务跨越能力		0.267	0.053	0.348	0.140	0.706	0.01473	0.21598
互联网运用积极立场		0.276	0.057	0.348	0.140	0.372	0.01712	0.20926
互联网设施运用能力	反应型战略柔性	0.182	0.048	0.333	0.148	0.204	0.00727	0.13862
互联网业务跨越能力		0.474	0.064	0.333	0.148	0.706	0.01743	0.35448
互联网运用积极立场		0.339	0.059	0.333	0.148	0.372	0.01341	0.24826

8.4.3 产业链信息化密度调节效应检验

本书采用多层次回归分析法检验产业链信息化密度的调节作用。首先分别将反应型战略柔性与前瞻型战略柔性设为因变量；其次依次将控制变量、自变量、调节变量、自变量和调节变量的乘积项加入回归方程中。分析结果如表 8 - 6 所示，从模型 1 和模型 4 可以看出，企业 IS 使用年限与是否为高技术企业对反应型战略柔性和前瞻型战略柔性均有显著的正向影响，而企业规模与企业年龄对反应型战略柔性和前瞻型战略柔性的影响均不显著。从表 8 - 6 中的模型 2 和模型 5 可以看出，互联网应用能力与产业链信息化密度对反应型战略柔性和前瞻型战略柔性均有显著的正向影响，模型 3 显示产业链信息化密度在互联网应用能力与反应型战略柔性间起到显著的正向调节作用（$\beta = 0.091$，$p < 0.05$），支持了 H5b。表明随着产业链信息化密度的提高，企业互联网应用能力对反应型战略柔性的促进作用不断提升。模型 6 表明产业链信息化密度在互联网应用能力与前瞻型战略柔性间的调节作用不显著，H5a 没有得到支持（$\beta = 0.049$，$p > 0.05$）。

表 8 - 6   产业链信息化密度调节作用的回归分析

变量	反应型战略柔性			前瞻型战略柔性		
	模型 1	模型 2	模型 3	模型 4	模型 5	模型 6
控制变量						
企业年龄	-0.016	-0.008	-0.011	-0.015	-0.009	-0.010
企业规模	-0.075	-0.077	-0.084	-0.046	-0.044	-0.047
IS 使用年限	0.172 **	0.072	0.074	0.164 **	0.078	0.078
是否高技术企业	0.117 *	-0.006	0.009	0.131 *	0.027	0.035

续表

变量	反应型战略柔性			前瞻型战略柔性		
	模型 1	模型 2	模型 3	模型 4	模型 5	模型 6
主效应						
互联网应用能力		0.505 ***	0.528 ***		0.350 ***	0.362 ***
产业链信息化密度		0.20 ***	0.213 ***		0.278 ***	0.283 ***
交互作用						
互联网应用能力 × 产业链信息化密度			0.091 *			0.049
R^2	0.040	0.461	0.468	0.042	0.364	0.366
Adj. R^2	0.030	0.453	0.459	0.032	0.354	0.355
F	4.070 ***	55.972 ***	49.221 ***	4.272 ***	37.391 ***	32.247 ***

注: * p ＜ 0.05, *** p ＜ 0.001。

8.5 结论与启示

8.5.1 结论

本书旨在探讨企业互联网应用能力对于企业知识创造绩效的触发作用和提升路径,尤其关注了双元战略柔性在这一关系中的中介作用以及产业链信息化密度在其中的调节作用(庄彩云等,2020)。通过实证研究验证了互联网应用能力与知识创造绩效的结构方程模型,得到以下结论与启示。

(1)不同类型互联网应用能力对知识创造绩效路径存在差异。互联网业务跨越能力对知识创造绩效存在直接影响路径和以双元战略柔性为中介的间接影响路径;互联网设施运用能力和互联网运用积极立场均通过双元战略柔性的间接路径影响企业知识创造绩效。其中,互联网设施运用能力和互联网运用积极立场对知识创造绩效的直接路径不显著,可能的原因在于互联网业务跨越能力表征了组织对于互联网的战略价值有较为清晰的认识能紧跟互联网创新的步伐,并将互联网战略与业务战略相结合,利用互联网进行产品开发与创新,相较于互联网设施运用能力和互联网运用积极立场,与知识创造绩效联系更为紧密。这一研究结论拓展了互联网应用能力与企业竞争优势/创新绩效关系的研究。以往相关研究多侧重于将互联网能力作为一个整合维度考察其对竞争优势的影响,导致研究结果出现分歧:一些学者认为,互联网能力可以有效提升企业竞争优势（Lu and Ramamurthy，2011；Weill，2003）。另一些学者则认为，互联网能力本身不足以支持企业的创新商业化成功，需要依赖于其他能力的中介作用，例如组织学习、知识管理能力、组织敏捷性等（王永健等，2012；Mao et al.，2016；李庭燎，2017）。我们考察了不同类型互联网应用能力影响的差异性，发现互联网业务跨越能力对知识创造绩效存在直接影响路径和以双元战略柔性为中介的间接影响路径；互联网设施运用能力和互联网运用积极立场均通过双元战略柔性的间接路径影响知识创造绩效。这一结论既解开了以往研究结果分歧的缘由所在，也进一步深化与拓展了相关的信息系统理论研究。

（2）知识创造绩效产生差异的前置因素中互联网应用能力是双元战略柔性的前因要素，并且三种类型互联网能力均正向影响双元战略柔性（前瞻型战略柔性和反应型战略柔性）。虽然以往研究指出，互联网能力可以促进战略柔性，但是对于不同类型互联网应用能力对双元战略柔性的影响尚无相应的实证研究。我们通过 399 份实践调研问卷的结构方程分析发现，对于前瞻型战略柔性的影响中，互联网运用积极立场影响最大（0.276），然后是互联网业务跨越能力（0.267）；对于反应型战略柔性的影响中，互联网业务跨越能力影响最大（0.474），互联网运用积极立场次之（0.339）。互联网设施运用能力对两者的影响作用都是最小的。可见，对于前瞻型战略柔性，企业应当更侧重于利用互联网进行创新或探索可获得的互联网资源以创造和使用商业机会；对于反应型战略柔性，则应更注重将互联网运用与当前业务流程的结合，提高企业对市场的反应速度（Celuch et al.，2007）。这一研究结论检验了不同类型互联网应用能力对双元战略柔性的显著影响，补充了现有研究文献在这一方面的不足。

（3）反应型战略柔性与前瞻型战略柔性均对知识创造绩效有显著正向影响。且前瞻型战略柔性对知识创造绩效影响的标准化系数大于反应型战略柔性。这一研究结论与范志刚和吴晓波（2014）的研究结果相同。战略柔性本身具有主动性与被动性的双元特征，两者的动态平衡与调整，有助于知识创造绩效实现。因此，企业需要在提升对当前环境的适应性与反应能力的基础上，适时地防范与预见竞争对手的行动，创造与抓住机会，以充分发挥双元战略柔性对知识创造绩效的影响。

（4）产业链信息化密度对互联网应用能力与反应型战略柔性之间的正向关系具有显著强化效应。而产业链信息化密度对互联网应用能力与前瞻型战略柔性间关系的调节作用不显著，其原因可能在于：高产业链信息化密度意味着组织通过信息技术与上下游相关企业沟通频率高，有利于企业获取在已有相关领域的知识信息（杨曼和王仁祥，2017），根据市场变化调整相应的产品开发战略，因而对反应型战略作用更为明显，而前瞻型战略柔性所体现的深入挖掘可能的潜在机会，预判未知市场环境抢先开发新产品这一过程往往在长期业绩中体现（谢卫红和王永健，2012），相较而言产业链信息化密度对其调节作用较为不显著。信息系统领域的文献研究指出，在考虑互联网能力与组织绩效的相关研究中应当考虑更多的潜在调节变量以解释组织能力价值创造的机制（Mao et al.，2014）。本书通过结合企业内部机制与外部因素填补了这一研究上的不足。尽管已有研究讨论了环境不确定、行业特征等外部因素的调节作用，本书提供了一种崭新的视角，考虑了产业链信息化密度可能带来的差异性，发现不同产业链信息化密度对互联网应用能力与反应型战略柔性之间发挥着相应的调节作用，扩展了企业外部因素对内部机制影响的研究。

8.5.2 实践启示

本书研究不仅丰富了互联网应用能力、战略柔性与知识创造绩效之间关系的文献，为企业战略柔性与知识创造绩效的发展提供新的证据，同时也为企业管理实践提供了有价值的启示。

首先，互联网应用能力在知识创造绩效实现中起着基础性作用。互联网业务跨越能力对知识创造绩效有着直接与间接的影响，而互联网设施运用能力和互联网运用积极立场则通过双元战略柔性间接影响知识创造绩效。企业应投资于互联网技术基础设施的建设与运用，为组织内部的沟通交流与知识信息流动搭建渠道与提升效率，为组织获取外部的顾客、供应商等的知识信息提供网络化平台。并在组织内培养互联网思维，以一种积极态度认识互联网的潜在价值，将互联网战略与组织的业务流程相融合，提升互联网应用能力的价值。从产品生产环节的智能制造、柔性化生产到营销环节的线上线下相结合，以及互联网时代的用户参与设计与创新，使互联网与企业业务全面融合已是必然趋势，有利于通过直接与间接方式实现知识创造绩效。此外，互联网时代的大数据、云计算等技术为企业利用互联网进行创新与挖掘潜在的机会提供了条件，充分利用这些互联网资源则有利于双元战略柔性的培养，从而实现知识创造绩效。

　　其次，双元战略柔性对企业利用互联网应用能力提升知识创造绩效具有重要的传导作用。要高效地实现互联网应用能力的价值，必须考虑到互联网应用能力与双元战略柔性的协同作用。组织应当强调前瞻型战略柔性与反应型战略柔性的发展以提高互联网应用能力与知识创造绩效的联系。战略柔性既体现为组织应对和适应外部环境的变化，也体现为其主动出击、塑造环境的一面。其影响了企业对正确判断当前环境变化的情况与对未知环境的预判，进而影响企业向市场输送满足需求的产品与服务的及时性和有效性，从而影响知识创造绩效实现的效率与效果。因此，企业应当结合自身的情况，明确组织在战略柔性主动面与被动面中的短板，从战略柔性的双元性特征针对性地制定发展对策。

　　最后，不同的产业链信息化密度对互联网应用能力和反应型战略柔性之间关系的影响具有差异性。这表明企业应当重视互联网背景下产业链信息化密度的潜在作用，根据企业所处产业链信息化的应用情况，相应匹配地提升自身的互联网应用能力，加强组织整合知识信息的能力，降低不可预期的风险，提高对当前环境的适应能力。这一研究结论同时也启示政府部门和行业协会引导和鼓励产业链各个环节的信息化建设，保障企业间的信息获取、共享、交流与创新渠道的通畅。

8.6　本章小结

　　本书的主要贡献是整合了资源基础观与动态能力理论。研究结果表明，不同类型互联网应用能力对知识创造绩效影响路径存在差异，其中，互联网业务跨越能力对知识创造绩效存在直接影响路径和以双元战略柔性为中介的间接影响路径；互联网设施运用能力和互联网运用积极立场均通过双元战略柔性的间接路径影响知识创造绩效；反应型战略柔性与前瞻型战略柔性均对知识创造绩效有显著的正向影响。总体来说，研究发现组织应当注重互联网应用能力与双元战略柔性的双向动态调整，以期获取利益最大化。另外，需要强调的是，产业链信息化密度对互联网应用能力与反应型战略柔性之间的正向关系具有显著强化效应，说明组织所处产业链信息化密度也是组织在互联网应用中不可忽视的潜在权变因素。

第9章 互联网能力与知识能力的交互效应对知识创造绩效的传导机制研究

在第8章关于互联网应用能力对企业知识创造绩效的触发作用与提升路径研究的基础上，本章进一步探讨了互联网能力、知识能力这两种企业内部因素的交互作用对知识创造绩效的传导机制。首先，提出理论模型与研究假设；其次，检验各变量的信度与效度，对变量进行描述性分析，判断各构念的区分效度，以及对模型的适配度进行分析；再次，通过回归方程检验所提出的假设以及 Process 宏程序检验被中介的调节效应；最后，对实证研究结果进行讨论并说明本书研究的理论贡献与实践意义。

9.1 引言

在互联网飞速发展与创新驱动企业发展的知识经济背景下，知识创造绩效已经成为组织绩效不可分割的重要组成部分（Zott et al.，2011）。在企业知识创造绩效提升的诸多影响因素中，互联网能力和知识能力（Mao et al.，2015）被学者们认可为最具影响力的前因要素。互联网能力作为组织重要的战略资源，应当整合其他互补资源促进组织绩效（Kohli and Grover，2008）。李和莉姆（Lee and Lim，2005）认为，互联网能力整合互补资源有助于知识的传播进而提升创新绩效；佩雷斯·洛佩斯和阿莱格里（Pérez–López and Alegre，2012）认为，互联网能力通过知识管理过程中介作用于组织绩效；邵云飞（2018）等研究指出，信息技术能力对企业内部协同与创新绩效有正向调节关系。可见，互联网能力和知识能力作为组织两种重要的战略资源具有不可分割的紧密关系，如果能将企业的互联网能力与知识能力联合，将对企业的知识创造绩效产生重大影响。尽管已有文献提出探讨互联网能力与知识能力的交互效应具有必要性（王重鸣和吴挺，2016），然而这种交互效应的存在及其对企业知识创造绩效的影响尚未经过实证检验。对于企业而言，不同资源的互补性或者交互作用可为企业带来"盈余"（吴晓云和代海岩，2016），究竟互联网能力与知识能力是否存在交互作用？这种交互作用通过怎样的传导机制影响知识创造绩效？这是本书研究试图探索的主要问题。

基于上述问题，本书试图通过探索互联网能力与知识能力是否存在交互效应及其对知识创造绩效的影响以填补现有研究的缺陷，尝试分析具有前瞻型与反应型特征的战略柔性在交互作用和知识创造绩效之间的中介作用，构建被中介的调节效应模型，讨论并检验对应路径的作用机理。本书的贡献和创新之处在于：第一，已有研究忽略了互联网能力与知识能力的交互效应。单方面地研究互联网能力对知识管理能力的影响，将互联网能力作为知识管理能力的前置因素，忽视了这两种能力在促进知识创造绩效中的交互作用，本书通过互联网能力与知识能力交互作用的视角分析问题，深化对资源基础观和知识基础观在创造组织竞争优势上的认识。第二，互联网能力、知识能力交互效应与知识创造绩效之间的传导机制仍是"黑箱"。本书试图厘清互联网能力、知识能力的交互作用对知识创造绩效的作用机理和具体路径，即考虑战略柔性的中介作用，从而构建被中介的调节效应模型。本书的概念模型如图 9 – 1 所示。

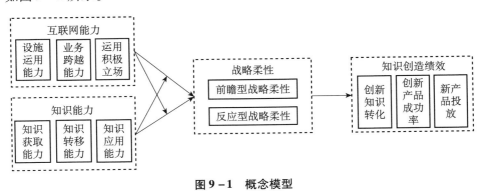

图 9 – 1　概念模型

9.2　理论分析与研究假设

9.2.1　相关概念界定

互联网能力是组织获取、部署、组合和重新配置互联网资源与其他组织资源和能力相结合以适应快速变化的环境，支持和提高商业战略和工作流程的能力（毛等，2015；卢和拉玛莫西，2011；罗斯等，1996）。借鉴卢和拉玛莫西（2011）关于信息技术能力的相关研究，本书将互联网能力分为互联网基础设施运用能力、互联网运用积极立场、互联网业务跨越能力。其中，互联网基础设施运用能力是组织安排技术设备（硬件系统和网络），应用（网络平台、数据库、操作系统、核心软件），以及互联网管理服务等的能力（卢和拉玛莫西，2011；Weill and Subramani，2002）。互联网业务跨越能力是组织设想和利用信息技术资源以支持和增强业务目标的能力（卢和拉玛莫西，2011；毛弘毅，2015）。互联网运用积极立场是组织开发新的信息技术创新或探索可获得的信息技术资源以创造和使用商业机会、获取竞争优势的能力。互联网运用积极立场衡量了组织对于互联网创新和互联网价值的态度（卢和拉玛莫西，2011；毛弘毅，2015）。考虑到本书研究主要关注互联网能力，因而遵循卢和拉玛莫西的做法，将互联网能力视为一个二阶结构并检验互联网能力在一个整合水平上的影响。

知识基础观指出，知识管理能力在提升组织能力（Tseng，2014）与竞争优势（Gold et al.，2001）中具有显著作用。企业的生存与发展越来越依赖于知识管理。IS 学者研究表明，组织的知识管理可以从信息技术的应用中受益（Joshi et al.，2010）。在 IS 相关文献中，知识能力倾向于被视为与流程相关的能力，并得到广泛应用（毛等，2015；Alavi and Leidner，2001；Tanriverdi，2005）。因此，本书通过流程的视角将知识能力定义为组织利用与部署以知识为基础的资源并与其他组织能力相结合以适应复杂多变的环境，获取商业价值和竞争优势的能力（Mao et al.，2016；卡恩斯和莱德勒，2003），知识能力包括三个主要流程，分别是知识获取、知识转移和知识应用能力（Zaim H et al.，2007）。

动荡复杂的外部环境要求组织具备动态能力。而战略柔性是组织通过主动或被动的方式应对外部潜在的机会或者威胁，以有效控制风险和不确定性，进而提升组织竞争优势的一种动态能力（Ansoff，1965；Evans，1991）。战略柔性可分为前瞻型战略柔性与反应型战略柔性（Celuch et al.，2007；Johnson et al.，2003）。前瞻型战略柔性是企业主动对未来环境进行预测的能力；反应型战略柔性则是企业对现有环境变化作出反应的快速性和有效性（范志刚和吴晓波，2014；王永健等，2012）。本书沿用这一观点，将战略柔性定义为企业根据自身可配置的资源和能力，运用战略创新主动促成或者被动适应组织内外部环境变化的能力。

知识创造的经典理论指出，知识创造是组织隐性知识与显性知识相互转化的螺旋形上升过程，包括社会化、外部化、内部化、组合化四个循环往复的阶段（周全和顾新，2013）。对其成效不同学者根据自己的研究视角和关注点提出了不同的解释。李民（2014）等研究指出，CoPS 知识创造有效性应同时考虑个人、项目与团队三个方面，可从知识创造主体感知效果和创造目标事实效果衡量。赵圆圆（2015）认为，知识创造绩效是企业对组织内知识资产进行重新组织后，在工作中具体实施并创造新知识的实际应用价值。梁娟（2015）等和庄（2018）等则通过企业创新产品成功率、推出新产品和服务、通过创新降低生产成本等指标测量知识创造绩效。综合上述学者的观点，本书将知识创造绩效定义为企业通过知识创造相关的人员、经费、知识等投入资源配置，实现资源投入与知识产出的转换绩效，其重点在于"创造和运用"，将知识创造转化为生产力实现知识创造的应用经济效益（侯建和陈恒，2017）。

9.2.2　互联网能力与战略柔性

互联网能力是企业利用互联网相关的基础设施、资源与平台实现企业目标的能力（韦德和胡兰德，2004；格拉瓦斯和马修斯，2014）。在当前网络化环境下，互联网能力成为组织提升战略柔性的关键要素。王永健等（2012）的研究表明，信息技术能力对先动柔性与响应柔性均有显著的正向影响；塞卢克（Celuch，1995）等的研究指出，企业的信息技术将影响其利用战略柔性来积极地预测和响应所需变化的能力。庄等（Zhuang et al.，2018）基于中国企业的研究数据认为，互联网能力正向影响组织战略柔性。具体而言，第一，较强的互联网设施运用能力意味着企业成员可以通过运用各种信息技术工具更加全面、快速地获取组织内外部的知识资源，最大限度地实现组织成员间、组织与外部利益相关者间的知识共享与交流，促进组织对外部市场需求的及时感知与潜在机会的识别，进而有利于组织及时开发新产品与改进现有产品或服务，以应对外部环境的变化，提升决策的有效性和战略的灵活性（谢卫红和王田绘，2014）。第二，互联网业务跨越能力强调战略与互联网规划的集成，以及信息技术与业务流程的协同（奥姆和平松诺尔，2007）。企业信息技术和商务活动之间的协同作用确保了企业快速、有效和高效的创新反应，且在必要时对业务流程和信息系统进行彻底的改变与重新设计，提升企业对现有环境变化的快速反应。此外，信息技术和战略规划的紧密耦合有利于实施创新的、激进式的变化（卢和拉玛莫西，2011），有利于组织夺取主动权以及实施"先发制人"的战略措施。第三，具有互联网运用积极立场的组织能够快速识别和利用信息技术创新的机会，以解决不断变化的经营策略的信息需求（Galliers，2006）以及避免陷入技术锁定（Swanson and Ramiller，2004）。此外，积极的互联网运用立场也能促进组织的持续学习。持续性地学习是组织重新配置资源快速响应变化，以及塑造有利环境的重要前提（卢和拉玛莫西，2011）。由此，提出以下假设。

H1：企业互联网能力对战略柔性有显著的正向影响。

9.2.3　知识能力与战略柔性

知识能力具有时间积累性特征，对各种技术知识、市场知识、生产研发知识以及组织管理知识的学习积累为构建组织战略柔性奠定基础（Hitt et al.，1998）。范志刚等（2014）研究指出，组织知识获取能力与知识应用能力对战略柔性具有显著的促进作用。张红兵（2015）研究表明，知识转移可以有效提升不同类型的战略柔性。具体而言，组织获取源于外部的异质互补性知识后，将其与内部知识整合，在促进知识之间交互碰撞产生新知识的过程中，往往会加深对原有知识与新知识的认识（Norman，2004），进而及时掌握关于现有环境变化的情报，提高战略灵活性；知识获取同时也促进了组织知识的多样化（王海杰和宋姗姗，2019），为正确预判市场需求变化提供条件。而知识转移往往伴随着业务嵌入与组织内部的沟通交流，促进所获取知识在组织内共享与匹配融合（杨善林和周开乐，2016），这些知识可能成为组织内解决企业经营实践的累加知识，也可能与组织内现有的互补性知识碰撞后跃迁为新的创新性知识，两种方式均拓展了组织的知识宽度与深度（杨善林和周开乐，2016）。知识宽度与深度越强的企业越有可能在复杂多变的市场中识别潜在的机遇，并及时对环境变化作出响应。此外，知识应用能力越强的企业，组织内部的交流越充分，外部知识信息与组织资源属性相结合的概率越高，越有可能成功实施新产品开发等创新活动，也越能灵活地配置组织知识、信息与资源，进而抓住潜在的战略机会（王海杰和宋姗姗，2019），以及提高对外部环境的适应性。由此，提出以下假设。

H2：企业知识能力对战略柔性有显著的正向影响。

9.2.4　互联网能力、知识能力交互作用与战略柔性

以往研究分别探讨了互联网能力、知识能力对战略柔性的促进作用，鲜有研究考虑互联网能力与知识能力之间是否存在交互效应。尽管卢艳秋（2017）等探讨了知识导向信息技术能力与知识管理战略的匹配更能促进组织技术创新绩效，海斯利和鲍克斯奥（Haesli and Boxall，2005）认为，知识管理战略的有效实施离不开互联网能力的支撑。李忆（2009）研究指出，信息技术能力在知识管理战略与创新之间具有调节作用。然而本书认为，互联网能力、知识能力两者相辅相成，在推动战略柔性的构建过程中存在更为复杂的交互效应关系。互联网能力、知识能力对战略柔性的交互效应既包含互联网能力对知识能力与战略柔性间关系的调节作用，也包含知识能力对互联网能力与战略柔性间关系的调节作用。一方面，高互联网能力可以有效缓解由于市场、技术变化所带来的现有知识能力定位与潜在市场机会间的"鸿沟"，提高组织知识获取到知识应用过程的效率，并在一定程度上抵消知识能力构建过程所需的成本与提高效率，为组织战略柔性的提升提供多元、异质、互补的显隐性知识的支撑。同时，知识能力的培育过程往往包含冗余知识、同质知识、无用知识干扰组织对外部环境变化的判断，依靠高互联网能力企业能够更敏锐地感知市场机会，以更快速地响应外部环境变化。另一方面，知识能力有助于提升互联网能力的战略价值。已有研究表明，信息技术与知识互补共同成为组织竞争优势的动力来源（Sirmon and Hitt，2007）。蒂金斯和索希（Tippins and Sohi，2003）表明，新知识的开发流程有助于填补信息技术能力与组织绩效间的空白，坦克雷迪（Tanriverdi，2005）也认为，像知识管理能力等组织内部能力可影响信息技术相关性与组织绩效间的关系。具体地，拥有高水平知识能力的组织具有较强的知识获取、转移与应用能力，能够快速地重构与配置其自身的知识、资源与能力。企业运用互联网技术获取外部知识的过程中，准确识别对组织有用的知识并将其与组织内部知识整合，是组织提升战略柔性的重要前提。组织知识能力越强，知识库越丰富，组织越能根据市场需求与竞争环境变化重构组织内部的信息系统，提升战略柔性。此外，知识能力越强的组织往往具有较强的组织学习能力与探索能力，从而有利于组织开发新的信息技术创新或探索可获得的信息技术资源以创造和利用商业机会。因此，知识能力可以促进组织互联网能力的有效发挥。组织期望成功应当将互联网能力与知识能力联合。由此可见，互联

网能力、知识能力都是组织战略柔性的重要基础要素，两者的交互效应有力地驱动着战略柔性。由此，提出以下假设。

H3：互联网能力和知识能力的交互作用对战略柔性有显著的正向影响。

具体而言，一方面，知识能力正向调节了互联网能力与战略柔性间的关系；另一方面，互联网能力也正向调节了知识能力与战略柔性间的关系。

9.2.5 战略柔性与知识创造绩效

战略柔性对组织绩效的正向促进作用，已经得到以往研究的肯定（Wang and Jia，2011）。首先，具有高度战略柔性的组织通常对外部环境的动态变化有较强的洞察力和适应性，促使组织能够在复杂多变的环境中发现潜在的市场机会。敏锐的市场感知有助于组织准确判断市场需求的变化以及竞争环境的变化，进而推动企业将所创造知识转化为满足市场需求的产品/服务，为知识创造绩效的提升提供了信息优势（吕逸婧等，2018）。其次，战略柔性代表了组织应对变化时的响应速度，卓越的战略柔性使组织能够快速抓住市场机遇，通过相应的战略举措抢占先机（杨善林和周开乐，2016），促进知识创造绩效的提升。最后，组织战略柔性有助于组织对自身资源的充分整合和利用（奥达尼尼和鲁贝拉，2008），高效实现组织内部资源投入与知识产出的转换绩效，以此为组织赢得竞争优势，促进组织知识创造绩效的提升。由此，提出以下假设。

H4：企业战略柔性对知识创造绩效有显著的正向影响。

9.2.6 被中介的调节效应

企业知识创造绩效的实现过程是组织充分利用现有的知识、人力、技术资源将组织所创造的知识转化为产品或者服务，并将其推向市场而成为商品，在市场竞争中得到认可而创造经济与社会价值（江旭等，2017）。而在转型经济与互联网的背景下，企业所面对的外部环境更具复杂性与动态性，知识创造绩效的实现需要动态性的战略思维与行动。从"知识创造"到"产品、服务"再到"商品"这一系列过程的成功离不开企业自身互联网能力、知识能力的支撑；也需要具有前瞻性与反应性特征的战略柔性来协助。从前面的理论分析可知，互联网能力、知识能力、战略柔性与知识创造绩效间的关系具有以下特点：一方面，互联网能力、知识能力都是战略柔性的重要基础要素且两者相辅相成，其交互效应有助于战略柔性的提升；另一方面，具有前瞻型与反应型特征的战略柔性对知识创造绩效具有正向影响。因而可推论，互联网能力与知识能力的交互作用可能正是通过战略柔性这一中介机制促进组织知识创造绩效的提升。组织知识创造绩效的这一提升机制正是一种被中介的调节效应（Edwards and Lambert，2007）。由此，提出以下假设。

H5：互联网能力与知识能力的交互作用通过战略柔性的中介作用促进知识创造绩效的提升，即存在被中介的调节效应。

9.3　互联网能力与知识能力的交互效应对知识创造绩效影响模型评价

9.3.1　变量的定义与测量

本书的测量量表均借鉴国内外的成熟量表，题项均采用李克特五点量表加以测量，1 表示非常不同意，5 表示非常同意。

本章的研究中互联网能力的测量涉及对互联网设施运用能力、互联网业务跨越能力、互联网运用积极立场三个维度的度量，设置九个题项。知识能力的测量涉及知识获取、知识转移、知识应用能力的度量，设置五个题项。战略柔性的测量主要包括对战略柔性的前瞻型与反应型的度量，设置六个题项。知识创造绩效的测量主要包括对创新知识转化、创新产品成功率、新产品投放的测量，设置四个题项。此外，借鉴以往的研究成果（卢和拉玛莫西，2011；毛弘毅，2015），选择企业年龄、企业规模、IS 年龄、是否为高新技术企业共四个变量作为控制变量。其中，是否为高新技术企业采用二分法编码：高新技术企业记为 1，非高新技术企业记为 0。

9.3.2　信度与效度检验

本书使用 SPSS19.0 软件对问卷所得有效样本数据进行信度与效度检验，检验结果如表 9－1 所示。从表 9－1 可以看出，各量表的 Cronbach's α 系数均大于 0.7 的建议值，表明各量表满足信度的要求。计算各变量的平均方差提取量（AVE）和组合信度（CR），本书中各量表的 AVE 均大于 0.5 的标准值，CR 均大于 0.7 的标准值，表明各量表具有较好的收敛效度。在表 9－2 中，各变量的 AVE 平方根大于其所在行与列的值，表明各变量满足区分效度的要求。信度与效度检验如表 9－1 所示。

表 9 − 1　　　　　　　　　　　　　量表信度和效度检验

变量	题项数	Cronbach's α	CR	AVE
互联网能力	9	0.894	0.910	0.503
知识能力	5	0.743	0.839	0.565
战略柔性	6	0.839	0.882	0.556
知识创造绩效	4	0.723	0.828	0.548

9.3.3　描述性统计分析

各变量间的均值、标准差与相关系数如表 9 − 2 所示，各变量之间存在显著的相关性，且各变量的方差膨胀因子（VIF）小于 3，低于阈值 10，表明各变量间不存在严重的多重共线性问题。互联网能力、知识能力、战略柔性与知识创造绩效间相关系数均为正向显著，初步支持了本书提出的部分研究假设。

表 9 − 2　　　　　　　　　　　　相关性分析结果

变量	均值	标准差	企业规模	企业年龄	IS 年龄	高新技术	互联网能力	知识能力	战略柔性	知识创造绩效
企业规模	3.63	1.108	**1**							
企业年龄	3.15	0.900	0.542**	**1**						
IS 年龄	3.03	0.665	0.468**	0.384**	**1**					
高新技术	0.79	0.406	− 0.051	− 0.201**	0.026	**1**				
互联网能力	3.7245	0.58026	0.059	0.004	0.163**	0.210**	**0.71**			
知识能力	3.7166	0.66059	0.008	0.015	0.117*	0.137*	0.670**	**0.752**		
战略柔性	3.7703	0.62408	0.007	0.018	0.112	0.131*	0.699**	0.730**	**0.746**	
知识创造绩效	3.6421	0.64788	0.133*	0.101	0.186**	0.084	0.679**	0.685**	0.722**	**0.740**

注：对角线上黑体字为 AVE 的平方根，$^*p < 0.05$，$^{**}p < 0.01$。

9.3.4　模型验证分析

本书采用多层次回归分析方法来检验研究假设。鉴于假设检验涉及互联网能力与知识能力的交互项，因而在回归分析前对两个变量通过中心化处理以避免多重共线性问题。表 9 − 3 为回归分析结果，其中，模型 3 和模型 7 为核心的回归分析步骤。

表 9 - 3 回归分析结果

变量	战略柔性			知识创造绩效			
	模型 1	模型 2	模型 3	模型 4	模型 5	模型 6	模型 7
控制变量							
企业规模	- 0.061	- 0.034	- 0.034	0.049	0.093	0.085	0.085
企业年龄	0.029	0.025	0.019	0.035	0.015	0.025	0.025
是否高新技术	0.131 *	- 0.011	0.003	0.090	- 0.004	- 0.044	- 0.045
IS 年龄	0.126 *	0.004	0.006	0.147 *	0.057	0.026	0.025
自变量							
互联网能力		0.387 ***	0.410 ***			0.260 ***	0.258 ***
知识能力		0.472 ***	0.481 ***			0.251 ***	0.250 ***
战略柔性				0.615 ***	0.359 ***	0.360 ***	
交互项							
互联网能力 * 知识能力			0.090 *				- 0.006
R^2	0.031	0.614	0.621	0.045	0.541	0.623	0.623
Adjusted R^2	0.018	0.606	0.612	0.032	0.533	0.614	0.612
ΔR^2	0.031	0.583	0.007	0.045	0.496	0.082	0.000
F	2.377 *	77.411 ***	58.032 ***	3.451 ***	68.984 ***	68.640 ***	59.861 ***

注：* $p < 0.05$，*** $p < 0.001$。

表 9 - 3 中模型 1 以战略柔性为因变量，以控制变量为自变量。结果表明，企业的 IS 年龄（$\beta = 0.126$，$p < 0.05$）和是否为高技术企业（$\beta = 0.131$，$p < 0.05$）与战略柔性为正向显著关系。模型 2 在此基础上加入互联网能力、知识能力为自变量，结果表明，互联网能力（$\beta = 0.387$，$p < 0.001$）、知识能力（$\beta = 0.472$，$p < 0.001$）均与战略柔性显著正相关，表明互联网能力和知识能力越强的企业越善于利用已有知识、资源应对当前市场需求以及主动挖掘可获取的信息、资源与机会，以匹配潜在的市场需求。支持了 H1 和 H2。

为进一步检验 H3 中互联网能力、知识能力对战略柔性的交互效应，表 9 - 3 中模型 3 回归中加入了控制变量、互联网能力、知识能力以及互联网能力与知识能力的交互项。结果表明，互联网能力（$\beta = 0.410$，$p < 0.001$）、知识能力（$\beta = 0.481$，$p < 0.001$）仍与战略柔性显著正相关，并且互联网能力与知识能力交互项（$\beta = 0.090$，$p < 0.05$）与战略柔性也呈显

著的正相关关系。这表明，在组织战略柔性的塑造过程中，互联网能力与知识能力呈相辅相成、相互促进的关系。进一步地，这种交互效应具有两层含义：一方面，知识能力正向调节了互联网能力与战略柔性间的关系；另一方面，互联网能力正向调节了知识能力与战略柔性间的关系。由此，H3 得到验证。

为检验 H4 战略柔性与知识创造绩效的关系，以知识创造绩效为因变量，依次加入控制变量、自变量（互联网能力、知识能力、战略柔性）以及互联网能力与知识能力的交互项到模型中。模型 4 表明企业的 IS 年龄与知识创造绩效显著正相关（$\beta = 0.147$，$p < 0.05$）；模型 5（$\beta = 0.615$，$p < 0.001$）和模型 6（$\beta = 0.359$，$p < 0.001$）均验证了战略柔性与知识创造绩效的正向显著关系。模型 7 是一个包含所有变量的全模型，战略柔性与知识创造绩效仍为正向显著关系（$\beta = 0.360$，$p < 0.001$），这充分说明具有较强战略柔性的企业知识创造绩效更高，即 H4 得到验证。

为检验 H5 被中介的调节效应，本书运用海耶斯（Hayes）于 2013 年开发的能够嵌入在 SPSS 软件中的 PROCESS 宏程序，该程序可用于对各种中介模型、调节模型以及两者组合模型的检验，在近年的研究中越来越受到青睐。由于本书中互联网能力、知识能力交互可能影响战略柔性，因而将两者分别作为调节变量。PROCESS 自动将调节变量在均值的基础上分别增加或者减少一个标准差，分为高值和低值。同时，本书中将 bootstrapping 次数设置为1500 次，根据调节变量的不同水平（高/低互联网能力；高/低知识能力）在 95% 显著性水平上置信区间内是否包含 0 来判断被中介调节效应是否存在。检验结果如表 9 - 4、表 9 - 5 所示。高、低互联网能力和高、低知识能力下的间接效应值均为正向，并且在 95% 的水平上置信区间不包含 0，表明被中介的调节效应是存在的，互联网能力和知识能力的交互作用通过战略柔性的中介机制促进知识创造绩效的提升，进一步支持了 H5 被中介的调节效应。

表 9 - 4　　　　互联网能力作为调节变量的被中介的调节效应检验

互联网能力	间接效应	SE	95% 置信区间	
			低	高
强互联网能力	0.2497	0.0502	0.1620	0.3632
弱互联网能力	0.1968	0.0472	0.1161	0.2966

表 9 - 5　　　　知识能力作为调节变量的被中介的调节效应检验

知识能力	间接效应	SE	95% 置信区间	
			低	高
强知识能力	0.2539	0.0511	0.1689	0.3747
弱知识能力	0.1920	0.0447	0.1151	0.2858

9.4　讨论与结论

9.4.1　研究结果讨论

本书整合了资源基础观、知识基础观和动态能力理论，研究了互联网背景下企业互联网能力、知识能力这两种企业内部因素对知识创造绩效的影响过程，尤其关注了战略柔性在这一过程中的独特作用（庄彩云等，2019）。通过来自我国399家企业的调研数据实证分析发现：第一，互联网能力、知识能力都与战略柔性正相关，并且互联网能力、知识能力与战略柔性间存在交互效应。这种交互效应不仅包含已有研究所指出的企业信息技术能力调节知识能力与创新绩效间关系（庄彩云和陈国宏，2017）、知识能力中介信息技术能力与组织绩效关系（Bharadwaj，2000）的结论，更进一步地强调互联网能力、知识能力在促进组织战略柔性中相辅相成、相互促进的关系。第二，战略柔性对知识创造绩效具有显著的正向影响。这表明，企业的知识创造绩效的实现需要保持对环境的敏锐感知与前瞻性的预见活动。第三，互联网能力与知识能力的交互作用通过战略柔性推动组织知识创造绩效的成功实现。具体而言，组织互联网能力与知识能力越强，越有助于提升战略柔性，并最终推动良好的知识创造绩效。这一过程中互联网能力、知识能力的交互效应不可忽视。本书的结果对互联网背景下企业如何实现更好的知识创造绩效提供了实践启示。

9.4.2　理论贡献与实践意义

本书的理论贡献具体表现为以下三个方面：首先，将互联网能力、知识能力、战略柔性与组织知识创造绩效纳入统一研究框架。虽然互联网能力、知识能力等内部因素对战略柔性的研究并不鲜见（Wernerfelt，1984；野中郁次郎和竹内弘高，1995），却鲜有研究将其纳入同一研究框架，并进一步考虑其后续对知识创造绩效的影响。而本书的实证分析证实了战略柔性在互联网能力、知识能力与知识创造绩效之间的桥梁作用。其次，本书重点关注了互联网能力、知识能力的交互作用对组织战略柔性的影响，且构建了一个被中介的调节效应模型。以往关于组织绩效的研究通常单独讨论互联网能力、知识能力等单一方面因素的作用，或者将互联网能力作为知识管理能力的前因变量来考虑（Bharadwaj，2000；庄彩云和陈国宏，2017），而忽视了两者在促进知识创造绩效中可能存在的相互促进、相互依赖的交互效应。本书不仅进一步考察了互联网能力、知识能力的交互效应，并且验证了这种交互效应通过战略柔性促进知识创造绩效的成功实现。最后，本书的研究拓展了资源基础观和知识基础观在塑造组织竞争优势中的作用。虽然以往研究分别探讨了资源基础观、知识基础观对构建组织竞争优势的重要性，却鲜有研究将这两种理论结合在一起。本书创新性地将这两种理论结合，考察其影响组织知识创造绩效的作用机理，进一步深化了对资源基础观与知识基础观在建立竞争优势上的理论研究。

本书的实践意义在于为互联网背景下组织知识创造绩效的提升提供了实践启示。一方面，组织管理者应当充分认识到处于互联网快速发展的环境下，外部环境更具复杂性与动态性，组织应当增强互联网能力和知识能力，两者的联合有助于提升组织对环境的敏锐性感知与对未知环境的正确预判。在互联网能力的提升上，良好的基础设施为组织成员利用网络平台以及各种软硬件设施，提高沟通效率与发现市场机会奠定了基础；将组织业务与信息技术整合则有利于组织更好地利用有限的信息技术资源；积极主动的互联网立场促进组织不断尝试与探索新技术，利用其现有能力与开发能力来解决和创造机会。因此，企业应当注重发展它们的互联网能力（庄彩云和陈国宏，2017），以成功地感知与发现市场机会。而重视互联网能力和知识能力的联合有助于最大化两者的价值，实现知识与资源的有效配置。另一方面，现代企业应当保持对环境变化的警觉性，根据环境变化及时地调适战略行动，并主动地探索和挖掘潜在的市场机会，开发出匹配环境变化需求甚至是超前于环境变化的新产品或者服务。当前互联网的快速发展带来了机遇与挑战，企业通过培养战略柔性有助于突破发展瓶颈，促进知识创造绩效的提升。

9.5　本章小节

本书整合了资源基础观、知识基础观和动态能力理论，探讨了互联网背景下互联网能力、知识能力这两种企业内部因素的交互作用对知识创造绩效的影响过程，尤其关注了具有前瞻性与反应性特征的战略柔性在这一过程中的重要作用，从而构建了一个被中介的调节效应模型。研究发现，互联网能力、知识能力均对战略柔性有显著的正向影响；互联网能力与知识能力的交互作用通过战略柔性的中介机制促进了企业知识创造绩效的提升，即存在被中介的调节效应。本书在理论上拓展了资源基础观和知识基础观在构建组织竞争优势上的研究，在实践上为处于互联网背景下的企业有效地提升知识创造绩效提供了实践参考。

第 10 章　研究结论与展望

通过前面 9 个章节的分析，本书对互联网背景下企业知识创造及其绩效实现问题进行了较为深入细致的论述，并得到了一些有意义的结论。本章在前面分析的基础上，对各个章节的主要研究结论进行总结与归纳，剖析本书的理论与实践价值，并阐明研究中尚存的不足之处以及对未来研究的展望。

10.1　全书总结

在当今动荡竞争且机遇与挑战并存的市场环境中，中国企业面临着信息化与工业化的深度融合，互联网已然成为企业知识创造及其绩效实现的"催化剂"和新动力。企业正在向网络化运作趋势发展，移动互联网、云计算、大数据等互联网技术为企业知识创造及其绩效实现提供了技术与战略支持。对企业而言，如何在管理实践中识别和培育优质的互联网资源和能力，促进其在网络化环境中实现知识创造并推动其转化为绩效，以获取组织可持续的战略优势，逐渐成为企业实践与理论发展关注的焦点。本书关注的问题是如何应用互联网资源、能力帮助企业实现知识创造及其绩效，发挥互联网的使能和推动作用，为企业应对新形势下的机遇和挑战，在网络化环境下运用互联网获取竞争优势提供指导。总体而言，本书研究在理论与实践上的价值主要体现在以下六个方面。

（1）构建企业间知识创造投入的演化博弈模型，并考虑政府补贴制度和互联网下"声誉惩罚机制"的演化博弈过程。研究结果表明，企业的知识创造投入决策受到企业的知识创造投入产出比的影响，当博弈一方的机会主义行为使其从对方的知识创造投入中获益较大时，博弈企业没有动机进行知识创造投入，知识创造的积极性降低。而在互联网的背景下，声誉作为企业至关重要的无形资产，声誉破坏将对企业产生巨大的影响。因此，对企业的

"声誉惩罚"能够在大范围内产生作用，从长远来看，"声誉惩罚"能够有效地约束企业的机会主义行为，培育企业间的互惠意识。而对于知识创造投入产出比较小的企业，政府应当给予足够多的补贴以弥补企业进行知识创造投入可能造成的损失甚至大于企业投机行为可获得的收益，以便发挥有效的作用。

目前，众多学者从博弈论的视角对协同知识创造问题进行探讨。但都没有考虑到企业协同知识创造过程中为知识创造构建的时空、文化环境时需要较大的成本投入，与创造的新知识能为企业带来的收益之间的投入—产出关系对企业知识创造决策的影响；且鲜有考虑政府干预和当前互联网背景下的"声誉机制"对企业间知识创造行为决策的影响。本书研究为促进企业间协同知识创造，使企业更容易抓住市场机会，提升企业的创新能力提供理论参考。

（2）对互联网背景下企业知识创造的特征、驱动因素、影响机制以及互联网资源和能力对企业知识创造过程的影响进行理论分析。具体而言，本书首先对宏观层面互联网背景下的企业知识创造特征、驱动因素、影响机制进行分析。研究发现，互联网背景下企业知识创造主体呈现出多主体参与协同知识创造，且顾客逐渐成为企业价值创造的参与者等特征；知识创造客体则呈现出隐性知识显性化更容易、知识内溢与知识外溢范围增大等特征；企业知识创造的环境因素呈现出虚拟空间与实体空间相互融合、知识创造突破时空约束、互联网下的"声誉机制"可以在某种程度上约束协同知识创造中的机会主义行为等特征。在此基础上，本书提炼出互联网对企业知识传播和知识创造的四大驱动因素：第一，网络开放性。互联网的互联互通使企业内部可以无缝连接，也使企业与外部组织、客户可以无缝联系，同时互联网的开放性促进了企业的跨界学习与跨界发展。第二，虚拟网络。基于互联网的虚拟网络为企业在全球范围内与其他实体组织开展知识分享、创造活动开辟了新的途径。第三，多主体参与。互联网的方便快捷，吸引众多组织和个人通过网络进行知识信息的交流、分享和创造活动，且参与主体的数量、主体交流的时间和空间没有受到限制。第四，定制化解决方案。在互联网时代，以需求为导向的价值创造方式将取代以往的以供给为导向的方式。提供定制化、差异化的产品和服务成为企业价值主张的一部分。进一步地，本书从互联网技术、互联网平台、互联网思维三个方面分析了互联网对企业知识创造过程的影响机制。其中，互联网技术促进知识的传播扩散与增值，提高了知识资源的利用效率；互联网平台促进了创新主体的协同创新效应，提高了知识创造活动供需匹配效率，促使知识创造活动开展更为高效便捷；互联网思维提升了企业协同知识创造的合作广度，拓宽了知识创造活动的深度与广度。而宏观层面的互联网对知识传播与知识创造的影响并不能很好地解释企业应当如何应用互联网推动企业知识创造过程的高效运行。因此，本书从微观企业层面的互联网资源和能力视角来分析互联网对企业知识创造过程的影响，即：第一，在知识创造阶段，考虑三种类型互联网资源的影响作用。第二，在知识生成阶段，考虑互联网整合能力的驱动作用。第三，在绩效产出阶段，考虑通过互联网应用能力提升企业知识创造绩效，以及综合考虑知识能力与互联网能力的交互作用对知识创造绩效影响的传导机制。

当前对企业知识创造的研究已经从以往的考虑组织内环境因素"Ba"、集群环境、企业嵌入的网络环境、超越地理边界的超本地网络环境等相关的情景因素转向互联网环境下的企业知识创造研究。虽然大多数学者意识到互联网对企业知识管理研究的重要性和现实性，但是现有研究更多地关注互联网、信息技术对知识共享、知识交换、组织学习的影响，而对互联网环境下的企业知识创造及其绩效研究还较为缺乏。本书研究对这一问题做了初步探索，为企业理解和把握互联网环境下企业知识创造特征、驱动因素、影响机制提供理论上的借鉴，同时也从实践上为企业挖掘互联网中价值创造的要素提供启示。

（3）本书实证分析了互联网资源对企业知识创造影响机制。基于资源基础观，本章分析了互联网基础设施资源、互联网人力资源和互联网关系资源三种类型互联网资源对企业内部知识创造和外部知识获取的影响，同时考虑了环境动态性在其中的调节作用。研究发现，互联网基础设施资源对内部知识创造具有促进作用，而对外部知识获取的影响作用不显著；互联网关系资源和互联网人力资源能够同时促进企业内部知识创造和外部知识获取；环境动态性正向调节互联网关系资源与内部知识创造和外部知识获取之间的关系，负向调节互联网人力资源与外部知识获取的关系。

本书研究明确了不同类型互联网资源对两种知识创造模式的影响，丰富了企业知识创造影响因素的理论研究。虽然以往研究大部分肯定了互联网对企业知识管理的正向影响。但是这些研究鲜有考虑不同类型的互联网资源对企业外部知识获取和内部知识创造这两种不同的知识创造实践影响的差异性。本书研究有助于企业通过优化不同类型互联网资源的配置，满足企业对内部知识创造和外部知识获取的需要。此外，本部分通过考虑环境动态性的调节作用，强调了企业互联网资源配置与环境动态性相匹配对组织知识创造的重要性。

（4）本书通过实证研究探索了互联网整合能力对企业知识生成的驱动机制。通过引入组织学习理论，本书分析了互联网整合能力影响企业知识生成的作用机理，验证了探索式学习与利用式学习对互联网整合能力驱动企业知识生成中的中介作用，为管理者更好地构建互联网整合能力与二元学习以推动企业知识生成提供了更多的依据。本书同时分析了学习导向对二元学习中介作用的调节效应，即构建被调节的中介效应模型。研究发现，当组织具有较强的学习导向时，探索式学习的中介作用越强。这一研究结论从侧面反映了良好的学习导向对探索式学习中介作用的发挥具有重要作用。

本书研究尝试引入学习导向作为调节变量，证实了学习导向对探索式学习中介效应的正向调节作用。而已有研究多将学习导向作为因变量或者中介变量进行讨论，本书的研究成果不仅强化了中介变量发挥调节作用的研究方法，而且弥补了现有研究在考虑互联网相关能力推动知识管理研究过程中缺少对被调节的中介效应的研究，同时在实践上更有助于企业全面理解互联网环境下的企业知识创造过程。

（5）本书结合资源基础观、动态能力理论和权变理论，探讨了互联网应用能力对企业知识创造绩效的触发作用和提升路径。研究表明，不同类型互联网应用能力对知识创造绩效影响路径存在差异，其中，互联网业务跨越能力对知识创造绩效存在直接影响路径和以双元战略柔性为中介的间接影响路径；互联网设施运用能力和互联网运用积极立场均通过双元战略柔性的间接路径影响知识创造绩效，表明组织应当注重互联网应用能力与双元战略柔性的双向动态调整以期获得最大化利益，本书研究给出了更多关于互联网应用能力对组织知识创造绩效影响的实证依据。同时研究强调了组织应当建设与其所处产业链信息化密度相匹配的互联网应用能力，以更高效地发挥它们的作用。

在以往研究中，多将互联网能力（信息技术能力）视为一个二阶结构并检验互联网能力在一个整合水平上的影响，本书考察了不同类型互联网应用能力对企业知识创造绩效影响路径的差异性，深化与拓展了互联网能力与企业创新绩效关系的研究。此外，本书创新性地引入产业链信息化密度，并探讨了产业链信息化密度在互联网应用能力与战略柔性间的调节作用，丰富了权变理论在信息系统领域的应用。

（6）本书整合了资源基础观、知识基础观和动态能力理论，探讨了互联网背景下互联网能力、知识能力这两种企业内部因素的交互作用对知识创造绩效的影响过程，尤其关注了具有前瞻性与反应性特征的战略柔性在这一过程中的重要作用，从而构建了一个被中介的调节效应模型。研究发现，互联网能力、知识能力均对战略柔性有显著的正向影响；互联网能力与知识能力的交互作用通过战略柔性的中介机制促进了企业知识创造绩效的提升，即存在被中介的调节效应。本书结论表明，互联网能力和知识能力，两者的联合有助于提升组织对环境的敏锐性感知与对未知环境的正确预判，进而促进知识创造绩效的提升。

以往关于组织绩效的研究通常单独讨论互联网能力、知识能力等单一方面因素的作用，或者将互联网能力作为知识管理能力的前因变量来考虑，而忽视了两者在促进知识创造绩效中可能存在的相互促进、相互依赖的交互效应。本书研究在理论上拓展了资源基础观和知识基础观在构建组织竞争优势上的前因研究，在实践上为处于互联网背景下的企业有效地提升知识创造绩效提供了实践参考。

10.2　研究展望

本书通过理论构建与实证检验了互联网资源、能力影响知识创造及其绩效实现模型，研究得到了一些有意义的结论，为相关理论的发展与新兴环境下企业的实践提供了一些启示。但由于个人能力和客观研究条件的限制，仍存在一些不足之处可在后续的研究中加以改进。本书的研究局限以及对未来研究的展望如下。

（1）本书使用来自我国多个城市多个行业的 399 家企业的调研数据进行实证研究，虽然总体而言样本具有一定的代表性，且通过了较为严格的可靠性与有效性检验，但是当前只限于对中国企业的实证研究，未来可进一步对经济发展程度存在差异的国家的数据进行分析，从而在更广的范围内验证所提出理论模型的普遍适用性。此外，本书的样本涉及多个行业与企业类型，尽管获得丰富的文献支持，但不同行业对互联网资源、能力的要求不同，对环境的敏感性不一样，知识创造能力也存在差异，因而后续研究可进一步对不同行业的企业进行抽样，对比不同行业互联网资源、能力对知识创造的影响，有助于丰富与完善本书的研究结论。

（2）本书使用的调查数据来源于每个企业的单一受访者。自变量与因变量的取值均来自同一个调查对象，导致样本可能存在潜在的共同方法偏差。虽然我们通过事前防御与事后评估相结合的方法，尽可能地克服共同方法偏差问题。但在今后的研究中，可以进一步尝试利用多种测量方法与数据源来控制可能存在的共同方法偏差问题，并根据信息技术的不断发展与组织所处市场环境的变化不断完善测量工具。

（3）在互联网资源、能力对知识创造价值链不同阶段的影响中，可以结合更多的研究与商业视角考虑组织知识创造及其绩效提升策略。在组织中有诸多与互联网、企业知识管理相关的因素、流程与能力，例如组织大数据能力、吸收能力、人力资源管理、供应链集成等，通过这些因素可全方面影响组织知识创造及其绩效转化的效率与效果。进一步将本书的研究模型同这些因素结合，对比整合，则可形成关于组织知识创造及其绩效转化更为完整的战略模式，以协助组织在复杂的环境中获得竞争优势。

（4）在实证研究中引入权变因素作为调节变量是本书的创新点，但本书仅考虑了组织内外三个权变因素的影响作用。例如组织文化、组织结构等内部因素或行业特征、国家政策等外部因素都会影响组织能力对知识创造及其绩效转化的作用。充分认识这些权变因素与组织能力的匹配关系，有助于企业管理者与研究人员充分了解研究模型及应用模式的适用范围，以进一步提升组织知识创造及其绩效实现。

（5）除了本书的研究方向之外，关于互联网和企业知识管理的相关研究还可以从组织的具体应用的角度进行分析。例如智能社区、组织协作技术、社会网络等，这些都是互联网驱动组织知识管理能力提升在组织实践中的具体应用。通过对这些具体应用的分析，可以协助组织管理者更直观地理解本书的研究模型，也可以进一步补充本书的研究贡献。

参考文献

［1］蔡跃洲．科技成果转化的内涵边界与统计测度［J］．科学学研究，2015，33（1）：37 – 44.

［2］陈建勋，潘昌才，吴隆增．知识创造能否提升组织绩效？一项实证研究［J］．科研管理，2009，30（1）：107 – 115.

［3］陈建勋．组织学习的前因后果研究：基于二元视角［J］．科研管理，2011，32（6）：140 – 149.

［4］陈猛，刘和福，魏少波．信息技术能力与市场响应性的关系研究［J］．管理学报，2015，12（7）：1088 – 1096.

［5］陈涛，王铁男，朱智洺．知识距离、环境不确定性和组织间知识共享——一个存在调节效应的实证研究［J］．科学学研究，2013，31（10）：1532 – 1540.

［6］储节旺，吴川徽．知识流动视角下社会化网络的知识协同作用研究［J］．情报理论与实践，2017，40（2）：31 – 36.

［7］崔瑜，焦豪，张样．基于信息技术能力的学习导向战略对绩效的作用机理研究［J］．科研管理，2013，34（7）：93 – 100.

［8］戴万亮，张慧颖，金彦龙．内部社会资本对产品创新的影响——知识螺旋的中介效应［J］．科学学研究，2012，30（8）：1263 – 1271.

［9］杜维，司有和，温平川．信息技术能力、知识管理战略与绩效：环境的影响［J］．科研管理，2010，31（1）：9 – 19，25.

［10］樊治平，李慎杰．知识创造与知识创新的内涵及相互关系［J］．东北大学学报（社会科学版），2006，8（2）：102 – 103.

［11］范志刚，刘洋，吴晓波．网络嵌入与组织学习协同对战略柔性影响研究［J］．科研管理，2014，35（12）：112 – 119.

［12］范志刚，吴晓波．动态环境下企业战略柔性与创新绩效关系研究

[J]. 科研管理, 2014, 35 (1): 1 – 8.

[13] 方兴东, 潘可武, 李志敏, 等. 中国互联网20年: 三次浪潮和三大创新 [J]. 新闻记者, 2014 (4): 3 – 14.

[14] 冯长利, 赵常宁, 刘丹, 等. 供应链企业间知识创造影响因素Fuzzy DEMATEL分析 [J]. 科学学研究, 2016, 33 (5): 734 – 743.

[15] 葛宝山, 谭凌峰, 生帆, 等. 创新文化、双元学习与动态能力关系研究 [J]. 科学学研究, 2016, 34 (4): 630 – 640.

[16] 耿紫珍, 刘新梅, 杨晨辉. 战略导向, 外部知识获取对组织创造力的影响 [J]. 南开管理评论, 2012 (4): 15 – 27.

[17] 关辉国, 陈达, 耿闯闯. 互联网环境下"顾客参与"对企业创新绩效的影响——基于知识创造中介作用的分析 [J]. 北方民族大学学报 (哲学社会科学版), 2018 (4): 135 – 143.

[18] 郭家堂, 骆品亮. 互联网对中国全要素生产率有促进作用吗? [J]. 管理世界, 2016 (10): 34 – 49.

[19] 韩宝国, 朱平芳. 宽带对中国经济增长影响的实证分析 [J]. 统计研究, 2014, 31 (10): 49 – 54.

[20] 韩霞, 朱克实. 我国信息技术人才现状及培养模式探讨 [J]. 成才之路, 2013 (22): 5 – 6.

[21] 韩先锋. 互联网对中国区域创新效率的影响研究 [D]. 西交: 西北大学, 2018.

[22] 韩晓琳, 张庆普. 企业间知识创造利益分配的合作博弈分析 [J]. 科技进步与对策, 2011, 28 (9): 85 – 88.

[23] 何田, 胡笑寒. 工业企业技术创新效率: 区域差异与对策建议——基于我国30个省份的数据检验 [J]. 生态经济, 2018, 34 (10): 109 – 113, 148.

[24] 侯汉坡, 何明珂, 庞毅, 等. 互联网资源属性及经济影响分析 [J]. 管理世界, 2010 (3): 176 – 177.

[25] 侯建, 陈恒. 知识密集型制造业专利创新运营绩效研究 [J]. 系统工程理论与实践, 2017, 37 (7): 1709 – 1719.

[26] 胡乐炜, 赵晶, 江毅. 基于互联网平台的服务型企业知识共享能力形成及作用过程研究——权变理论视角 [J]. 管理评论, 2018, 30 (10): 95 – 105.

[27] 胡刃锋, 刘国亮. 移动互联网环境下产学研协同创新隐性知识共享

影响因素实证研究 [J]. 图书情报工作, 2015, 59 (7): 48 – 54, 90.

[28] 简兆权, 刘荣, 招丽珠. 网络关系、信任与知识共享对技术创新绩效的影响研究 [J]. 研究与发展管理, 2010, 22 (2): 64 – 71.

[29] 江旭, 高山行. 知识积累与获取对企业创新的交互作用研究 [J]. 研究与发展管理, 2010, 22 (6): 8 – 14.

[30] 江旭, 穆文, 周密. 企业如何成功实现技术商业化? [J]. 科学学研究, 2017, 35 (7): 1032 – 1042.

[31] 焦豪, 邬爱其, 张样. 企业信息技术能力度量与功效——本土模型的构建和实证研究 [J]. 科学学研究, 2008, 26 (3): 596 – 603.

[32] 科斯, 诺思, 克劳德, 等. 制度, 契约与组织——从新制度经济学角度的透视 [M]. 北京: 经济科学出版社, 2003.

[33] 李柏洲, 赵健宇, 郭韬, 等. 知识创造行为与组织惯例的演化博弈及其仿真研究 [J]. 运筹与管理, 2015, 24 (3): 94 – 105.

[34] 李波, 梁双陆. 信息通信技术、信息化密度与地区产业增长——基于中国工业数据的经验研究 [J]. 山西财经大学学报, 2017, 39 (9): 58 – 71.

[35] 李海舰, 田跃新, 李文杰. 互联网思维与传统企业再造 [J]. 中国工业经济, 2014 (10): 135 – 146.

[36] 李景海, 林仲豪. "互联网 +"、创新驱动发展与广东民营经济转型升级路径研究 [J]. 江淮论坛, 2016 (2): 50 – 56.

[37] 李坤望, 邵文波, 王永进. 信息化密度、信息基础设施与企业出口绩效——基于企业异质性的理论与实证分析 [J]. 管理世界, 2015 (4): 52 – 65.

[38] 李林蔚. 竞合, 组织双元性与联盟企业知识生成策略 [J]. 科学学研究, 2016, 34 (6): 906 – 915.

[39] 李民, 周晶, 高俊. CoPS 知识创造效果实证研究——个体、项目和企业层面 [J]. 科技进步与对策, 2014, 31 (22): 128 – 135.

[40] 李民, 周晶, 高俊. 复杂产品系统研制中的知识创造机理实证研究 [J]. 科学学研究, 2015, 33 (3): 407 – 418.

[41] 李庭燎. 不确定环境下信息技术能力, 组织敏捷与组织绩效的关系研究 [D]. 南京: 东南大学, 2017.

[42] 李雪灵, 韩自然, 董保宝, 等. 获得式学习与新企业创业: 基于学

习导向视角的实证研究［J］. 管理世界，2013（4）：94 – 106，134.

［43］李忆. 知识管理战略，创新与企业绩效的关系［D］. 重庆：重庆大学，2009.

［44］李宇佳，张向先. 学术虚拟社区知识增长的关键影响因素识别——基于融知发酵理论视角［J］. 情报杂志，2016，35（10）：160 – 165，189.

［45］梁娟，陈国宏，蔡猷花. 网络环境下集群企业知识创造伙伴选择博弈［J］. 华东经济管理，2014，28（9）：172 – 176.

［46］梁娟，陈国宏. 多重网络嵌入与集群企业知识创造绩效研究［J］. 科学学研究，2015，33（1）：90 – 97.

［47］林亚清，赵曙明. 构建高层管理团队社会网络的人力资源实践、战略柔性与企业绩效——环境不确定性的调节作用［J］. 南开管理评论，2013，16（2）：4 – 15.

［48］刘建设. 组织知识共享行为及其激励机制研究［D］. 北京：北京邮电大学博士学位论文，2010.

［49］刘金平. 组织创新氛围、知识共享与员工创造力：心理安全感的调节作用［D］. 华南理工大学，2018.

［50］刘军. 信息化密度与中国企业出口决定：基于产品价值链视角［J］. 国际贸易问题，2016（6）：39 – 49.

［51］刘玉国，王晓丹，尹苗苗，等. 互联网嵌入对创业团队资源获取行为的影响研究——创业学习的中介作用［J］. 科学学研究，2016，34（6）：916 – 922.

［52］卢明纯. 组织学习、知识创造与绩效的关系：中南地区企业的实证研究［J］. 系统工程，2010，（28）7：111 – 116.

［53］卢艳秋，肖艳红，叶英平. 知识导向 IT 能力、知识管理战略匹配与技术创新绩效［J］. 经济管理，2017，39（1）：69 – 83.

［54］吕逸婧，陈守明，邵婉玲. 高管团队交互记忆系统与组织绩效：战略柔性的中介作用［J］. 南开管理评论，2018（1）：22.

［55］罗慧，万迪昉，仲伟周，等. 信息技术与组织学习关系的理论综述［J］. 中国管理科学，2004（z1）：426 – 430.

［56］罗珉，李亮宇. 互联网时代的商业模式创新：价值创造视角［J］. 中国工业经济，2015，1（95）：95 – 107.

［57］毛弘毅. 信息技术与知识管理能力驱动的组织敏捷性研究［D］.

武汉：华中科技大学，2015.

[58] 毛伟. 中国互联网发展情况分析与展望 [J]. 中国教育网络，2013，7（7）：39−42.

[59] 孟涛，焦捷，田园. 基于 SECI 模型的虚拟企业知识创造研究 [J]. 清华大学学报（自然科学版），2015，55（4）：462−469.

[60] 齐讴歌，赵勇，王满仓. 城市集聚经济微观机制及其超越：从劳动分工到知识分工 [J]. 中国工业经济，2012（1）：36−45.

[61] 齐莹，王向阳，李嘉敏. 创新网络中组织兼容性对知识创造的影响机理研究 [J]. 情报科学，2022，40（5）：173−179.

[62] 邵云飞，庞博，方佳明. 信息技术能力视角下企业内部多要素协同与创新绩效研究 [J]. 管理评论，2018，30（6）：70−80.

[63] 施琴芬，吴祖麒，赵康. 知识管理视野下的隐性知识 [J]. 中国软科学，2003（8）：96−102.

[64] 舒成利，胡一飞，江旭. 战略联盟中的双元学习、知识获取与创新绩效 [J]. 研究与发展管理，2015，27（6）：97−106.

[65] 孙锐，赵晨. 战略人力资源管理、组织情绪能力与组织创新——高新技术企业部门心理安全的作用 [J]. 科学学研究，2016，34（12）：1905−1915.

[66] 陶俊，刘璐，张卫国. 信息技术能力对于企业可持续发展绩效的影响 [J]. 软科学，2017，31（10）：10−14.

[67] 王春燕，张玉明. 开放式创新下互联网应用对小微企业创新绩效的影响 [J]. 东北大学学报（社会科学版），2018，20（1）：27−35.

[68] 王海杰，宋姗姗. 互联网背景下制造业平台型企业商业模式创新研究——基于企业价值生态系统构建的视角 [J]. 管理学刊，2019，32（1）：43−54.

[69] 王辉，张慧颖，吴红翠. 供应链间关系质量对知识吸收能力和企业合作创新绩效的影响研究 [J]. 信息与统计论坛，2012，27（11）：99−105.

[70] 王辉. 企业网络能力与吸收能力互动及对产品创新价值链的影响研究 [D]. 天津：天津大学，2012.

[71] 王金杰，郭树龙，张龙鹏. 互联网对企业创新绩效的影响及其机制研究——基于开放式创新的解释 [J]. 南开经济研究，2018（6）：170−190.

[72] 王念新，仲伟俊，梅姝娥. 信息技术战略价值及实现机制的实证研

究［J］．管理科学报，2011，14（7）：55－70．

［73］王培林．企业知识创造能力评价及其实证研究［J］．科技进步与对策，2010，27（23）：128－134．

［74］王永健，谢卫红，蓝海林．IT能力与战略柔性：探索式学习与利用式学习的中介作用［J］．经济管理，2012，34（11）：64－73．

［75］王重鸣，吴挺．互联网情境下的创业研究［J］．浙江大学学报（人文社会科学版），2016，46（1）：131－141．

［76］魏国江．中国产业创新知识生成方式差异及路径转换研究［J］．科学学研究，2018，36（6）：1036－1047．

［77］魏勇军．企业隐性知识显性化的路径分析［D］．长沙：湖南师范大学硕士学位论文，2005．

［78］吴晓云，代海岩．智力资本要素之间的交互作用对知识型服务企业竞争力的影响——基于知识转化的中介效应［J］．研究与发展管理，2016，28（3）：12－24．

［79］奚雷，彭灿，张学伟．外部学习与双元创新协同性的关系——环境动态性的调节作用［J］．技术经济与管理研究，2018，265（8）：27－32．

［80］谢卫红，成明慧，王田绘，等．信息技术能力对企业吸收能力的影响机理研究——基于信息技术治理的视角［J］．研究与发展管理，2015，27（6）：124－134．

［81］谢卫红，王田绘，成明慧，等．IT能力、二元式学习和突破式创新关系研究［J］．管理学报，2014，11（7）：1038－1045．

［82］谢卫红，王永健．破解信息技术能力与绩效关系谜团：战略柔性的视角——来自华南地区外向型制造业的实证研究［J］．国际经贸探索，2012，28（2）：67－76．

［83］徐彪，张骁．组织知识、学习导向与新产品创新绩效［J］．管理科学，2011，24（4）：32－40．

［84］徐可，何桢，王瑞．供应链关系质量与企业创新价值链——知识螺旋和供应链整合的作用［J］．南开管理评论，2015，18（1）：108－117．

［85］许静静．社会资本视角下知识联盟协同知识创新的影响机理研究［D］．合肥：安徽大学，2018．

［86］薛晓芳，霍宝锋，孙林岩．企业联盟中信息技术整合能力对信息技术关系能力的影响［J］．科研管理，2015，36（10）：104－112．

［87］阎海峰，陈灵燕. 承诺型人力资源管理实践、知识分享和组织创新的关系研究［J］. 南开管理评论，2010，13（5）：92-98.

［88］杨德明，刘泳文. "互联网+"为什么加出了业绩［J］. 中国工业经济，2018（5）：80-98.

［89］杨曼，王仁祥. 制度悖论、产业链信息化密度与企业研发联盟倾向［J］. 科学学研究，2017，35（7）：995-1003.

［90］杨善林，周开乐，张强，等. 互联网的资源观［J］. 管理科学学报，2016，19（1）：1-11.

［91］殷国鹏，陈禹. 基于资源观的企业信息技术能力理论及实证研究［J］. 南开管理评论，2007，10（1）：26-31.

［92］尹士，李柏洲，周开乐. 基于资源观的互联网与企业技术创新模式演化研究［J］. 科技进步与对策，2018，35（6）：93-98.

［93］于渓川，陈卫东，徐可. 创新创业联合提升企业绩能了吗？［J］. 科学学研究，2017，35（11）：1750-1759.

［94］喻思娈. 向互联网思维取"创新经"［N］. 人民日报，2014-05-26（20）.

［95］原长弘，姚缘谊. 科研团队内部知识共享氛围对成员知识创造影响的跨层次分析［J］. 科学学与科学技术管理，2010（7）：192-199.

［96］曾敏刚，林倩，潘焕雯，等. 信息技术能力、信任与供应链整合的关系研究［J］. 管理评论，2017，29（12）：217-225，257.

［97］曾萍，邓腾智，曾雄波. IT基础、知识共享与组织创新——来自珠三角企业的经验证据［J］. 科学学研究，2011，29（11）：1696-1708.

［98］张方华，林仁方，陈劲. 企业的社会资本与隐性知识［J］. 研究与发展管理，2003，6（15）：67-72.

［99］张红兵. 知识转移对联盟企业创新绩效的作用机理——以战略柔性为中介［J］. 科研管理，2015，36（7）：1-9.

［100］张军，曲丽洋，许庆瑞. 不同新颖度知识创造与企业成长动态关系研究——基于华为时间序列数据的探索性案例研究［J］. 科学学研究，2016，34（9）：1381-1390.

［101］张鹏程，彭菡. 科研合作网络特征与团队知识创造关系研究［J］. 科研管理，2011，32（7）：104-112.

［102］张涛，庄贵军，季刚. 信息技术能力对营销渠道中关系型治理的影

响：一条抑制渠道投机行为的新途径？［J］．管理世界，2010（7）：119 – 129.

［103］张涛，庄贵军．如何由 IT 资源获取渠道权力？以信息的搜集和共享为途径［J］．管理评论，2017，29（1）：134 – 143.

［104］张涛，庄贵军．信息技术能力、渠道关系治理行为与渠道满意：分销商投机氛围的权变影响［J］．管理评论，2015，27（7）：116 – 126.

［105］张玉明，李荣，王欣．小微企业互联网环境与企业家社会资本对技术创新的影响研究［J］．管理学报，2018，15（2）：230 – 236，292.

［106］赵大伟．互联网思维独孤九剑［J］．中国科技信息，2014（8）：32.

［107］赵国杰，吕毅，陈新桃．基于科学发现史建构知识生成转化矩阵模型的尝试［J］．科学学与科学技术管理，2011，32（6）：86 – 89.

［108］赵树良．互联网背景下区域开放式创新与资源共享模式研究［D］．合肥：中国科学技术大学，2016.

［109］赵玉攀．基于资源基础理论的政府部门开放数据研究［D］．上海：上海交通大学，2019.

［110］赵圆圆．高技术企业组织记忆与知识创新绩效关系研究［D］．南京：南京师范大学，2015.

［111］赵振，彭毫．"互联网 +"跨界经营——基于价值创造的理论构建［J］．科研管理，2018，39（9）：121 – 133.

［112］赵振．"互联网 +"跨界经营：创造性破坏视角［J］．中国工业经济，2015（10）：146 – 160.

［113］郑向杰，赵炎．联盟创新网络中企业嵌入与区域位置对企业知识创造能力影响的实证研究［J］．研究与发展管理，2013，25（4）：20 – 29.

［114］周浩，龙立荣．共同方法偏差的统计检验与控制方法［J］．心理科学进展，2004，12（6）：942 – 950.

［115］周健明，周永务．知识惯性与知识创造行为：组织记忆与创新氛围的作用［J］．科学学研究，2021，39（6）：1103 – 1110，1119.

［116］周京梅．解决信息技术与业务匹配的悖论：信息技术与业务匹配如何促进组织敏捷性？［D］．合肥：中国科学技术大学，2018.

［117］周全，顾新．国外知识创造研究述评［J］．图书情报工作，2013，57（20）：143 – 148.

［118］周宇．企业信息系统应用能力理论与实证研究［D］．南京：东南

大学，2017.

［119］周玉泉，李垣. 组织学习、能力与创新方式选择关系研究 ［J］. 科学学研究，2005，23（4）：523-530.

［120］朱树婷. 企业间信息系统能力的价值创造机理研究 ［D］. 南京：东南大学，2016.

［121］朱伟民. 战略人力资源管理与企业知识创造能力：对科技型企业的实证研究 ［J］. 科学学研究，2009，27（8）：1228-1237.

［122］朱秀梅，张妍，陈雪莹. 组织学习与新企业竞争优势关系——以知识管理为路径的实证研究 ［J］. 科学学研究，2011，29（5）：745-755.

［123］庄彩云，陈国宏. 产业集群知识网络多维嵌入性与创新绩效研究——基于企业双元学习能力的中介作用 ［J］. 华东经济管理，2017，31（12）：53-59.

［124］庄彩云，陈国宏. "互联网＋"背景下企业知识创造研究 ［J］. 科技管理研究，2017，37（21）：141-145.

［125］庄彩云，陈国宏，黄可权，等. 互联网对企业知识创造过程的影响机制 ［J］. 科技管理研究，2021（12）.

［126］庄彩云，陈国宏，梁娟，等. 互联网能力、双元战略柔性与知识创造绩效 ［J］. 科学学研究，2020，38（10）：1837-1846，1910.

［127］庄彩云，陈国宏，王丽丽. 互联网能力与知识能力交互效应对知识创造绩效的传导机制：一个被中介的调节效应模型 ［J］. 科技进步与对策，2019，36（7）：145-152.

［128］庄贵军，周云杰，董滨. 信息技术能力、合同治理与渠道关系质量 ［J］. 系统工程理论与实践，2016，36（10）：2618-2632.

［129］Aghion, Philippe, Steven Durlauf, et al. Handbook of economic growth ［M］. Elsevier, 2005.

［130］Akerlof G A. The market for "lemons"：Quality uncertainty and the market mechanism ［M］ //Uncertainty in Economics, 1978：235-251.

［131］Alavi M, Leidner D E. Knowledge management and knowledge management systems：Conceptual foundations and research issues ［J］. MIS quarterly, 2001：107-136.

［132］Aliken L S, West S G. Multiple Regression：Testing and Interpreting Interactions ［M］. London：Sage, 1991.

[133] Alipour F, Karimi R. Mediation role of innovation and knowledge transfer in the relationship between learning organization and organizational performance [J]. International Journal of Business and Social Science, 2011, 2 (19): 144 – 147.

[134] Anand V, Manz C C, Glick W H. An organizational memory approach to information management [J]. Academy of management review, 1998, 23 (4): 796 – 809.

[135] Ansoff H I. Corporate Strategy: An Analytic Approach to Business Policy For Growth and Expansion [M]. Penguin Books, 1965.

[136] Apostolou D, Mentzas G N. Managing corporate knowledge: a comparative analysis of experiences in consulting firms [J]. Knowledge and Process Management, 1999, 6 (4): 238 – 254.

[137] Aral S, Weill P. IT assets, organizational capabilities, and firm performance: How resource allocations and organizational differences explain performance variation [J]. Organization Science, 2007, 18 (5): 763 – 780.

[138] Argyris C, Schön D A. Organizational learning: A theory of action perspective [J]. Reis, 1997 (77/78): 345 – 348.

[139] Armstrong J S, Overton T S. Estimating nonresponse bias in mail surveys [J]. Journal of marketing research, 1977: 396 – 402.

[140] Ashrafi R, Mueller J. Delineating IT resources and capabilities to obtain competitive advantage and improve firm performance [J]. Information Systems Management, 2015, 32 (1): 15 – 38.

[141] Bagozzi R P, Yi Y, Phillips L W. Assessing construct validity in organizational research [J]. Administrative science quarterly, 1991, 36 (3): 421 – 458.

[142] Baker W E, Sinkula J M. The synergistic effect of market orientation and learning orientation on organizational performance [J]. Journal of the academy of marketing science, 1999, 27 (4): 411 – 427.

[143] Barney J. Firm Resources and Sustained Competitive Advantage [J]. Journal of Management, 1991, 17 (1): 99 – 120.

[144] Baron R M, Kenny D A. The moderator-mediator variable distinction in social psychological research: conceptual, strategic, and statistical considerations [J]. Journal of Personality & Social Psychology, 1986, 51 (6): 1173.

［145］ Bell G G. Clusters, networks, and firm innovativeness ［J］. Strategic management journal, 2005, 26 （3）: 287 – 295.

［146］ Berliant M, Fujita M. Culture and diversity in knowledge creation ［J］. Regional Science and Urban Economics, 2012 （42）: 648 – 662.

［147］ Bharadwaj A S. A resource-based perspective on information technology capability and firm performance: an empirical investigation ［J］. MIS quarterly, 2000: 169 – 196.

［148］ Bhatt G D, Grover V. Types of information technology capabilities and their role in competitive advantage: An empirical study ［J］. Journal of Management Information Systems, 2005, 22 （2）: 253 – 277.

［149］ Bhatt G D. Exploring the relationship between information technology, infrastructure and business process re-engineering ［J］. Business Process Management Journal, 2000, 6 （2）: 139 – 163.

［150］ Bierly P E I, Chakrabarti A K. Technological learning, strategic flexibility, and new product development in the pharmaceutical industry ［J］. IEEE Transactions on Engineering Management, 1996, 43 （4）: 368 – 380.

［151］ Bollen K A, Stine R. Direct and indirect effects: Classical and bootstrap estimates of variability ［J］. Sociological Methodology, 1990, 20 （1）: 15 – 140.

［152］ Cassiman B, Veugelers R. R&D cooperation and spillovers: some empirical evidence from Belgium ［J］. American Economic Review, 2002, 92 （4）: 1169 – 1184.

［153］ Cattell, Raymond, et al. The scientific use of factor analysis in behavioral and life sciences ［M］. Springer Science & Business Media, 2012.

［154］ Celuch K, Murphy G B, Callaway S K. More bang for your buck: Small firms and the importance of aligned information technology capabilities and strategic flexibility ［J］. Journal of High Technology Management Research, 2007, 17 （2）: 187 – 197.

［155］ Chen Y, Wang Y, Nevo S, et al. IT capability and organizational performance: the roles of business process agility and environmental factors ［J］. European Journal of Information Systems, 2014, 23 （3）: 326 – 342.

［156］ Choi B, Lee H. Knowledge management strategy and its link to knowledge creation process [J]. Expert Systems with Applications, 2002 (23): 173 – 187.

[157] Choi S Y, Lee H, Yoo Y. The impact of information technology and transactive memory systems on knowledge sharing, application, and team performance: a field study [J]. MIS Quarterly, 2010: 855 – 870.

[158] Chuang Y S. Learning and international knowledge transfer in latecomer firms: the case of Taiwan's flat panel display industry [J]. IEEE Transactions on Engineering Management, 2014, 61 (2): 261 –274.

[159] Covin J G, Green K M, Slevin D P. Strategic process effects on the entrepreneurial orientation-sales growth rate relationship [J]. Entrepreneurship theory and practice, 2006, 30 (1): 57 –81.

[160] Crossan M M, Lane H W, White R E. An organizational learning framework: From intuition to institution [J]. Academy of management review, 1999, 24 (3): 522 –537.

[161] Czernich N, Falck O, Kretschmer T, et al. Broadband infrastructure and economic growth [J]. The Economic Journal, 2011, 121 (552): 505 –532.

[162] Davenport T H, Prusak L, Strong B. Business Insight (A Special Report): Organization; Putting Ideas to Work: Knowledge management can make a difference—but it needs to be more pragmatic [J]. Wall Street Journal, Eastern edition, 2008, 11.

[163] David Jiménez-Castillo, Manuel Sánchez-Pérez. Nurturing employee market knowledge absorptive capacity through unified internal communication and integrated information technology [J]. Information & Management, 2013, 50 (2 – 3): 76 –86.

[164] Ding X H, Huang R H. Effects of knowledge spillover on inter-organizational resource sharing decision in collaborative knowledge creation [J]. European Journal of Operational Research, 2010, 201 (3): 949 –959.

[165] Dong S, Xu S X, Zhu K X. Research note—information technology in supply chains: The value of it-enabled resources under competition [J]. Information Systems Research, 2009, 20 (1): 18 –32.

[166] Drucker P F. The rise of the knowledge society [J]. Wilson Quarterly, 1993, 17 (2): 52 –69.

[167] Drucker P. The society of organizations [J]. Harvard Business Review, 1992: 95 – 104.

[168] Edwards J R, Lambert L S. Methods for integrating moderation and mediation: a general analytical framework using moderated path analysis [J]. Psychological Methods, 2007, 12 (1): 1.

[169] Eisenhardt K M, Martin J A. Dynamic capabilities: what are they? [J]. Strategic Management Journal, 2000, 21 (10 – 11): 1105 – 1121.

[170] Evans J S. Strategic flexibility for high technology manoeuvres: a conceptual framework [J]. Journal of Management Studies, 1991, 28 (1): 69 – 89.

[171] Feher A, Towell E. Business use of the Internet [J]. Internet Research, 1997, 7 (3): 195 – 200.

[172] Fong P S W, Dettwiler P. Entrepreneurial firms and their knowledge creation: a study of real estate management [J]. Facilities, 2009, 27 (7): 267 – 276.

[173] Forman C, Zeebroeck N. From wires to partners: How the Internet has fostered R&D collaborations within firms [J]. Management science, 2012, 58 (8): 1549 – 1568.

[174] Frederickson G H, Smith K. Public administration theory primer [M]. Boulder Westview Press: America, 2003.

[175] Friedman D. Evolutionary games in economics [J]. Econometrica: Journal of the Econometric Society, 1991, 59 (3): 637 – 666.

[176] Fritz M S, Mackinnon D P. Required sample size to detect the mediated effect [J]. Psychological Science, 2007, 18 (3): 233.

[177] Füller J, MüHlbacher H, Matzler K, et al. Consumer empowerment through internet-based co-creation [J]. Journal of management information systems, 2009, 26 (3): 71 – 102.

[178] Galliers R D. Strategizing for Agility: Confronting Information [J]. Agile Information Systems, 2006, 1.

[179] Glavas C, Mathews S. How international entrepreneurship characteristics influence Internet capabilities for the international business processes of the firm [J]. International Business Review, 2014, 23 (1): 228 – 245.

[180] Gold A H, Malhotra A, Segars A H. Knowledge management: An

organizational capabilities perspective [J]. Journal of Management Information Systems, 2001, 18 (1): 185 – 214.

[181] Haesli A, Boxall P. When knowledge management meets HR strategy: an exploration of personalization-retention and codification-recruitment configurations [J]. The International Journal of Human Resource Management, 2005, 16 (11): 1955 – 1975.

[182] Hansen M T, Birkinshaw J. The innovation value chain [J]. Harvard Business Review, 2007, 85 (6): 121.

[183] Hayes A F. Introduction to mediation, moderation, and conditional process analysis: A regression-based approach [J]. Journal of Educational Measurement, 2013, 51 (3): 335 – 337.

[184] Heide J B. Inter-organizational governance in marketing channels [J]. Journal of Marketing, 1994, 58 (1): 71 – 85.

[185] Henderson R M, Clark K B. Architectural innovation: the reconfiguration of existing product technologies and the failure of established firms [J]. Administrative Science Quarterly, 1990, 35 (1): 9 – 30.

[186] Henderson R, Clark K. Architectural innovation: the reconfiguration of existing product technologies and the failure of established firms [J]. Administrative Science Quarterly, 1990, 35 (1): 9 – 30.

[187] Hitt M A, Keats B W, DeMarie S M. Navigating in the new competitive landscape: Building strategic flexibility and competitive advantage in the 21st century [J]. Academy of Management Perspectives, 1998, 12 (4): 22 – 42.

[188] Hitt M A, Xu K, Carnes C M. Resource based theory in operations management research [J]. Journal of Operations Management, 2016 (41): 77 – 94.

[189] Huang Y C, Ma R, Lee K W. Exploitative learning in project teams: Do cognitive capability and strategic orientations act as moderator variables? [J]. International Journal of Project Management, 2015, 33 (4): 760 – 771.

[190] Inkpen A C. Learning, Knowledge acquisition and strategic alliances [J]. European Management Journal, 1998, 16 (2): 223 – 229.

[191] Jiang X, Li Y. An empirical investigation of knowledge management and innovative performance: The case of alliances [J]. Research Policy, 2009, 38 (2): 358 – 368.

［192］Johnson J L, Lee P W, Saini A, et al. Market-focused strategic flexibility: Conceptual advances and an integrative model ［J］. Journal of the Academy of Marketing Science, 2003, 31 (1): 74 – 89.

［193］Joshi K D, Chi L, Datta A, et al. Changing the competitive landscape: Continuous innovation through IT-enabled knowledge capabilities ［J］. Information Systems Research, 2010, 21 (3): 472 – 495.

［194］Justin J. P. Jansen, Frans A. J. Van Den Bosch, Henk W. Volberda. Exploratory innovation, exploitative innovation, and performance: Effects of organizational antecedents and environmental moderators ［J］. Management Science, 2006, 52 (11): 1661 – 1672.

［195］Kearns G S, Lederer A L. A resource-based view of strategic IT alignment: how knowledge sharing creates competitive advantage ［J］. Decision sciences, 2003, 34 (1): 1 – 29.

［196］Kearns G S, Lederer A L. The impact of industry contextual factors on IT focus and the use of IT for competitive advantage ［J］. Information & Management, 2004, 41 (7): 899 – 919.

［197］Kim T H, Lee J N, Chun J U, et al. Understanding the effect of knowledge management strategies on knowledge management performance: A contingency perspective ［J］. Information & Management, 2014, 51 (4): 398 – 416.

［198］Knapper C, Cropley A J. Lifelong learning in higher education ［M］. Psychology Press, 2000.

［199］Kohli R, Grover V. Business value of IT: An essay on expanding research directions to keep up with the times ［J］. Journal of the Association for Information Systems, 2008, 9 (1): 1.

［200］Kozlenkova I V, Samaha S A, Palmatier R W. Resource-based theory in marketing ［J］. Journal of the Academy of Marketing Science, 2014, 42 (1): 1 – 21.

［201］Lee O K, Lim K. Redefining organizational information technology-based capabilities with an integrative framework for multiple levels of analysis ［J］. PACIS 2005 Proceedings, 2005: 94.

［202］Li Y H, Huang J W, Tsai W T. Entrepreneurial orientation and firm performance: The role of knowledge creation process ［J］. Industrial Marketing Management, 2009 (38): 440 – 449.

[203] Li Y, Guo H, Liu Y, et al. Incentive mechanisms, entrepreneurial orientation, and technology commercialization: evidence from China's transitional economy [J]. Journal of Product Innovation Management, 2008, 25 (1): 63 - 78.

[204] Liebeskind J, Oliver A, Zucker L, Brewer M. Social networks, learning, and flexibility: sourcing scientific knowledge in new biotechnology firms [J]. Organization Science, 1996, 7 (1): 428 - 443.

[205] Lindermana K, Schroeder R G, Zaheer S, et al. Integrating quality management practices with knowledge creation processes [J]. Journal of Operations Management, 2004 (22): 589 - 607.

[206] Lu Y K. (Ram) Ramamurthy. Understanding the link between information technology capability and organizational agility: An empirical examination [J]. MIS Quarterly, 2011: 931 - 954.

[207] Lu Y, Ramamurthy K. Understanding the link between information technology capability and organizational agility: An empirical examination [J]. MIS Quarterly, 2011, 35 (4): 931 - 954.

[208] Mackinnon D P, Fritz M S, Williams J, et al. Distribution of the product confidence limits for the indirect effect: Program PRODCLIN [J]. Behavior Research Methods, 2007, 39 (3): 384.

[209] Malhotra N K, Kim S S, Patil A. Common method variance in IS research: A comparison of alternative approaches and a reanalysis of past research [J]. Management Science, 2006, 52 (12): 1865 - 1883.

[210] Mao H, Liu S, Zhang J, et al. Information technology resource, knowledge management capability, and competitive advantage: The moderating role of resource commitment [J]. International Journal of Information Management, 2016, 36 (6): 1062 - 1074.

[211] Mao H, Liu S, Zhang J. How the effects of IT and knowledge capability on organizational agility are contingent on environmental uncertainty and information intensity [J]. Information Development, 2014, 31 (4): 941 - 944.

[212] March J G. Exploration and exploitation in organizational learning [J]. Organization Science, 1991, 2 (1): 71 - 87.

[213] Matusik S F, Hill C W L. The utilization of contingent work, knowl-

edge creation, and competitive advantage [J]. Academy of management review, 1998, 23 (4): 680 – 697.

[214] McKelvie A, Wiklund J, Bennett L. Modes of knowledge acquisition and innovation in different environments: An examination of new firms [J]. Ssrn Electronic Journal, 2009.

[215] Melitz M J. The Impact of Trade on Intra-in-dustry reallocations and aggregate industry productivity [J]. Econometrica, 2003, 71 (6): 1695 – 1725.

[216] Melville N, Kraemer K, Gurbaxani V. Information technology and organizational performance: An integrative model of IT business value [J]. MIS Quarterly, 2004, 28 (2): 283 – 322.

[217] Mohamed M, Stankosky M, Murray A. Knowledge management and information technology: can they work in perfect harmony? [J]. Journal of Knowledge Management, 2006, 10 (3): 103 – 116.

[218] Narayanan V K, Colwell K, Douglas F L. Building organizational and scientific platforms in the pharmaceutical industry: A process perspective on the development of dynamic capabilities [J]. British Journal of Management, 2009, 20: S25 – S40.

[219] Nerkar A, Roberts P W. Technological and product market experience and the success of new product introductions in the pharmaceutical industry [J]. Strategic Management Journal, 2004, 25 (8/9): 779 – 799.

[220] Nonaka I, Takeuchi H. The knowledge creation company: how Japanese companies create the dynamics of innovation [M]. New York: Oxford University Press, 1995.

[221] Norman P M. Knowledge acquisition, knowledge loss, and satisfaction in high technology alliances [J]. Journal of Business Research, 2004, 57 (6): 610 – 619.

[222] Ohm W, Pinsonneault A. On the assessment of the strategic value of information technologies: conceptual and analytical approaches [J]. MIS Quarterly, 2007: 239 – 265.

[223] Ordanini A, Rubera G. Strategic capabilities and internet resources in procurement: A resource-based view of B-to-B buying process [J]. International Journal of Operations & Production Management, 2008, 28 (1): 27 – 52.

［224］ Palmatier R W, Dant R P, Grewal D. A comparative longitudinal Analysis of theoretical perspectives of interorganizational relationship performance ［J］. Journal of Marketing, 2007, 71 （4）: 172 – 194.

［225］ Parent M, Gallupe R B, Salisbury W D, et al. Knowledge creation in focus groups: can group technologies help? ［J］. Information & Management, 2000, 38 （1）: 47 – 58.

［226］ Pavlou P A, El Sawy O A. The "third hand": IT-enabled competitive advantage in turbulence through improvisational capabilities ［J］. Information Systems Research, 2010, 21 （3）: 443 – 471.

［227］ Piccoli G, Ives B. IT-dependent strategic initiatives and sustained competitive advantage: a review and synthesis of the literature ［J］. MIS Quarterly, 2005, 29 （4）: 747 – 776.

［228］ Pisano G P. The governance of innovation: vertical integration and collaborative arrangements in the biotechnology industry ［J］. Research Policy, 1991, 20 （3）: 237 – 249.

［229］ Pisano P, Pironti M, Rieple A. Identify innovative business models: can innovative business models enable players to react to ongoing or unpredictable trends? ［J］. Entrepreneurship Research Journal, 2015, 5 （3）: 181 – 199.

［230］ Podsakoff P M, MacKenzie S B, Lee J Y, et al. Common method biases in behavioral research: A critical review of the literature and recommended remedies ［J］. Journal of Applied Psychology, 2003, 88 （5）: 879.

［231］ Pérez-López S, Alegre J. Information technology competency, knowledge processes and firm performance ［J］. Industrial Management & Data Systems, 2012, 112 （4）: 644 – 662.

［232］ Rai A, Tang X. Leveraging IT capabilities and competitive process capabilities for the management of interorganizational relationship portfolios ［J］. Information Systems Research, 2010, 21 （3）: 516 – 542.

［233］ Ramírez A M, Morales V J G, Aranda D A. Knowledge creation and flexibility of distribution of information ［J］. Industrial Management & Data Systems, 2012, 112 （2）: 166 – 185.

［234］ Rhee J, Park T, Lee D H. Drivers of innovativeness and performance for innovative SMEs in South Korea: Mediation of learning orientation ［J］. Technovation, 2010, 30 (1): 65 - 75.

[235] Roberts N, Galluch P S, Dinger M, et al. Absorptive capacity and information systems research: Review, synthesis, and directions for future research [J]. MIS Quarterly, 2012, 36 (2): 625 - 648.

[236] Rosenzweig E D. A contingent view of e-collaboration and performance in manufacturing [J]. Journal of Operations Management, 2009, 27 (6): 462 - 478.

[237] Ross J W, Beath C M, Goodhue D L. Develop long-term competitiveness through IT assets [J]. Sloan Management Review, 1996, 38 (1): 31 - 43.

[238] Sabherwal R, Chan Y E. Alignment between business and IS strategies: A study of prospectors, analyzers, and defenders [J]. Information Systems Research, 2001, 12 (1): 11 - 33.

[239] Samaddar S, Kadiyala S S. An analysis of interorganizational resource sharing decisions in collaborative knowledge creation [J]. European Journal of Operational Research, 2006, 170 (1): 192 - 210.

[240] Sambamurthy V, Subramani M. Special issue on information technologies and knowledge management [J]. MIS Quarterly, 2005, 29 (2): 193 - 195.

[241] Sawhney M, Verona G, Prandelli E. Collaborating to create: The Internet as a platform for customer engagement in product innovation [J]. Journal of Interactive Marketing, 2005, 19 (4): 4 - 17.

[242] Segars A H. Assessing the unidimensionality of measurement scales: A paradigm and illustration within the context of information systems research [J]. Omega, 1997, 25 (1): 107 - 121.

[243] Sharma N L, Goswami S. The nuances of knowledge creation and development in Indian pharmaceutical industry [J]. Journal of Knowledge Management, 2009, 13 (5): 319 - 330.

[244] Sherif K, Xing B. Adaptive processes for knowledge creation in complex systems: The case of a global IT consulting firm [J]. Information & Management, 2006, 43 (4): 530 - 540.

[245] Shu C, Page A L, Gao S, et al. Managerial ties and firm innovation: is knowledge creation a missing link? [J]. Journal of Product Innovation Management, 2012, 29 (1): 125 - 143.

[246] Siadat S A, Hoveida R, Abbaszadeh M, et al. Knowledge creation in u-

niversities and some related factors [J]. Journal of Management Development, 2012, 31 (8): 845 – 872.

[247] Sinkula J M, Baker W E, Noordewier T. A framework for market-based organizational learning: Linking values, knowledge, and behavior [J]. Journal of the Academy of Marketing Science, 1997, 25 (4): 305.

[248] Sirmon D G, Hitt M A, Ireland R D. Managing firm resources in dynamic environments to create value: Looking inside the black box [J]. Academy of Management Review, 2007, 32 (1): 273 – 292.

[249] Smith K G, Collins C J, Clark K D. Existing knowledge, knowledge creation capability, and the rate of new product introduction in high-technology firms [J]. Academy of Management Journal, 2005, 48 (2): 346 – 357.

[250] Sobel M E. Asymptotic Confidence Intervals for Indirect Effects in Structural Equation Models [J]. Sociological Methodology, 1982, 13 (13): 290 – 312.

[251] Stoel M D, Muhanna W A. IT capabilities and firm performance: A contingency analysis of the role of industry and IT capability type [J]. Information & Management, 2009, 46 (3): 181 – 189.

[252] Styhre A, Roth J, Ingelgård A. Care of the other: knowledge-creation through care in professional teams [J]. Scandinavian Journal of Management, 2002, 18 (4): 503 – 520.

[253] Sultan N. Knowledge management in the age of cloud computing and Web 2.0: Experiencing the power of disruptive innovations [J]. International Journal of Information Management, 2013, 33 (1): 160 – 165.

[254] Swanson E B, Ramiller N C. Innovating mindfully with information technology [J]. MIS Quarterly, 2004: 553 – 583.

[255] Tanriverdi H. Information technology relatedness, knowledge management capability, and performance of multibusiness firms [J]. MIS Quarterly, 2005: 311 – 334.

[256] Tao W T C, Rongxia J. An empirical study on the effect of strategic flexibility on enterprise performance [J]. Chinese Journal of Management, 2011 (3): 78 – 91.

[257] Teece D J. Explicating dynamic capabilities: The nature and micro-foundations of (sustainable) enterprise performance [J]. Strategic Management

Journal, 2007, 28 (13): 1319 – 1350.

[258] Teerajetgul W, Charoenngam C. Factors inducing knowledge creation: empirical evidence from Thai construction projects [J]. Engineering, Construction and Architectural Management, 2006, 13 (6): 584 – 599.

[259] Teo T S H, King W R. Integration between business planning and information systems planning: an evolutionary-contingency perspective [J]. Journal of Management Information Systems, 1997, 14 (1): 185 – 214.

[260] Tippins M J, Sohi R S. IT competency and firm performance: is organizational learning a missing link? [J]. Strategic Management Journal, 2003, 24 (8): 745 – 761.

[261] Tiwana A. Evolutionary competition in platform ecosystems [J]. Information Systems Research, 2015, 26 (2): 266 – 281.

[262] Tseng S. The impact of knowledge management capabilities and supplier relationship management on corporate performance [J]. International Journal of Production Economics, 2014, 154: 39 – 47.

[263] Umanath N S. The concept of contingency beyond "It depends": illustrations from IS research stream. [J]. Information & Management, 2003, 40 (6): 551 – 562.

[264] Vannoy S A, Salam A F. Managerial interpretations of the role of information systems in competitive actions and firm performance: A grounded theory investigation [J]. Information Systems Research, 2010, 21 (3): 496 – 515.

[265] Volberda H W. Toward the flexible form: How to remain vital in hypercompetitive environments [J]. Organization Science, 1996, 7 (4): 359 – 374.

[266] Volkoff O, Strong D M, Elmes M B. Technological embeddedness and organizational change [J]. Organization Science, 2007, 18 (5): 832 – 848.

[267] Wade M, Hulland J. The resource-based view and information systems research: review, extension, and suggestions for future research [J]. MIS Quarterly, 2004, 28 (1): 107 – 142.

[268] Walsh I J, Bhatt M, Bartunek J M. Organizational knowledge creation in the Chinese context [J]. Management and Organization Review, 2009, 5 (2): 261 – 278.

[269] Wang T, Jia R. An empirical study on the effect of strategic flexibility on

enterprise performance [J]. Chinese Journal of Management, 2011 (3): 78 –91.

[270] Weill P, Subramani M, Broadbent M. IT infrastructure for strategic agility [J]. Ssrn Electronic Journal, 2003, 44 (4235 –02): 57 –65.

[271] Wernerfelt B. A resource-based view of the firm [J]. Strategic Management Journal, 1984, 5 (2): 171 –180.

[272] Wernerfelt B. A resource-based view of the firm [J]. Strategic Management Journal, 1984, 5 (2): 171 –180.

[273] Wu C, Lin C. Case study of knowledge creation facilitated by Six Sigma [J]. International Journal of Quality & Reliability Management, 2009, 26 (9): 911 –932.

[274] Xue L, Ray G, Sambamurthy V. Efficiency or innovation: How do industry environments moderate the effects of firms' IT asset portfolios [J]. MIS Quarterly, 2013, 36 (2): 509 –528.

[275] Yinan Qi, Xiande Zhao, Chwen Sheu. The impact of competitive strategy and supply chain strategy on business performance: The role of environmental uncertainty [J]. Decision Sciences, 2011, 42 (2): 371 –389.

[276] Zaim H, Tatoglu E, Zaim S. Performance of knowledge management practices: a causal analysis [J]. Journal of Knowledge management, 2007, 11 (6): 54 –67.

[277] Zhang M J. Information systems, strategic flexibility and firm performance: An empirical investigation [J]. Journal of Engineering & Technology Management, 2005, 22 (3): 163 –184.

[278] Zhou A Z, Fink D. Knowledge management and intellectual capital: an empirical examination of current practice in Australia [J]. Knowledge Management Research & Practice, 2003, 1 (2): 86 –94.

[279] Zhuang C Y, Chen G H, Hou J & Liang J. The mechanism of internet capability driving knowledge creation performance: The effects of strategic flexibility and informatization density [J]. Interdisciplinary Journal of Information, Knowledge, and Management, 2018 (13): 259 –278.

[280] Zhuang C Y, Chen G H, Hou J & Liang J. The mechanism of internet capability driving knowledge creation performance: The effects of strategic flexibility and informatization density [J]. Interdisciplinary Journal of Information, Knowl-

edge, and Management, 2018 (13): 259 – 278.

[281] Zhuang C Y, Chen G H & Wang L L. Internet resources and organizational knowledge creation: role of environmental dynamism [J]. Journal of the Operations Research Society of China, 2019, 7 (2), 337 – 354.

[282] Zott C, Amit R, Massa L. The business model: recent developments and future research [J]. Journal of Management, 2011, 37 (4): 1019 – 1042.

附录　调查问卷

中国企业互联网使用以及知识管理状况调查

尊敬的先生（女士）：

　　您好！非常感谢您能在百忙之中抽出宝贵的时间填写本问卷。本调查主要目的是了解我国企业的互联网使用、企业所处外部环境以及企业知识管理与绩效状况，为评价我国企业的互联网技术投入对知识管理与创新产出的影响提供依据，为企业充分利用和分配组织的技术资源和知识资源提供建议。本问卷填写需要您抽出 20~25 分钟的时间，协助我们完成此次匿名调查，相关数据信息仅供研究之用，我们承诺对您提供的所有信息保密，敬请放心！您的意见和答案将对我们得出正确的结论提供非常重要的帮助，感谢您的支持与配合！

背景信息

Ⅰ．本企业概况

1.01　本企业成立的年限：＿＿＿＿＿＿

□ <3 年　　□ 3~10 年　　□11~20 年　　□ 21~50 年　　□ >50 年

1.02　本企业的企业性质是：＿＿＿＿＿＿＿＿＿

□国有企业　□合资企业　　□外资企业　　□民营企业

1.03　本企业所属行业（请根据公司主导业务选择）：

□制造业　　□建筑业　　□信息传输、软件和信息技术服务业

□金融业　　□房地产业　□租赁和商务服务业

□科学研究和技术服务业　　□教育　　□文化、体育和娱乐业

☐电力、热力、燃气　　　　☐公共管理、社会保障以及社会服务

☐交通运输、仓储和邮政业　☐水利、环境和公共设施管理业

☐其他

1.04　本企业的主营业务涉及的领域：

☐电子信息技术　　　　　☐生物与新医药技术

☐航天航空技术　　　　　☐新材料技术

☐高技术服务业　　　　　☐新能源及节能技术

☐资源与环境技术　　　　☐先进制造与自动化

☐其他＿＿＿＿＿＿＿＿＿＿

注意： 高技术服务业包括：金融业（银行业、证券业、保险业、其他金融活动）、信息与通信服务业（电信和其他信息传输服务业、计算机服务业、软件业）、科技服务业（研究与试验发展、专业技术服务业、工程技术与规划管理、科技交流和推广服务业）、商务服务业（法律服务、咨询调查、其他商务服务）

1.05　本企业的员工人数为：

☐＜20 人　　☐20 ～ 100 人　　☐101 ～ 300 人　　☐301 ～ 1000 人

☐＞1000 人

1.06　本企业 2016 年销售额（人民币）为：

☐＜500 万元　　　　　☐501 万 ～ 1000 万元

☐1001 万 ～ 3000 万元　☐3001 万 ～ 1 亿元

☐1 亿 ～ 10 亿元　　　　☐＞10 亿元

1.07　本企业信息技术专业技术人员占企业员工的比例为：

☐＜3%　　　☐3% ～ 10%　　☐10% ～ 30%　　☐＞30%

1.08　本企业信息系统的投入使用年限为＿＿＿＿＿。

☐＜1 年　　☐1 ～ 3 年　　☐3 ～ 10 年　　☐＞10 年

1.09　您目前的职务：

☐高层管理人员　　　　☐中层管理人员

☐基层管理人员　　　　☐其他＿＿＿＿＿＿

单项选择

下面的问题，请您根据自己企业的实际情况或自己的感受，在对应的数字

上打"√"，不要根据自己的期望填写，其中 1 代表非常不同意，2 代表比较不同意，3 代表一般，4 代表比较同意，5 代表非常同意。

Ⅱ．企业互联网使用情况

2.01　本企业的数据管理服务和架构是足够的

非常不同意　│　1　2　3　4　5　│　非常同意

2.02　本企业的网络通信能够满足需求，具有良好的连通性、可靠性和可用性

非常不同意　│　1　2　3　4　5　│　非常同意

2.03　本企业的互联网应用和服务质量（如 ERP、ASP）能够满足组织需求

非常不同意　│　1　2　3　4　5　│　非常同意

2.04　本企业的互联网技术管理服务可以有效地管理业务部门间的关系

非常不同意　│　1　2　3　4　5　│　非常同意

2.05　本企业有专业的互联网技术支持人员

非常不同意　│　1　2　3　4　5　│　非常同意

2.06　本企业的员工懂得利用互联网技术解决相关问题

非常不同意　│　1　2　3　4　5　│　非常同意

2.07　本企业的互联网技术团队在商业战略中提供足够的技术支持

非常不同意　│　1　2　3　4　5　│　非常同意

2.08　本企业的员工能够对信息技术项目进行评估和控制

非常不同意　│　1　2　3　4　5　│　非常同意

2.09　本企业的信息系统足够支持与外部供应链的协作

非常不同意　│　1　2　3　4　5　│　非常同意

2.10　本企业经常利用互联网开发和维护客户

非常不同意　│　1　2　3　4　5　│　非常同意

2.11 本企业经常利用互联网与供应商建立联系

　　　　非常不同意　｜　1　　2　　3　　4　　5　｜　非常同意

2.12 本企业经常利用互联网与其他公司建立合作关系

　　　　非常不同意　｜　1　　2　　3　　4　　5　｜　非常同意

2.13 本企业善于利用相关的互联网技术发现外部变化带来的新机会

　　　　非常不同意　｜　1　　2　　3　　4　　5　｜　非常同意

2.14 本企业能够利用互联网技术方便地访问来自客户、市场、竞争变化的相关数据

　　　　非常不同意　｜　1　　2　　3　　4　　5　｜　非常同意

2.15 本企业能够利用互联网技术与外部合作伙伴进行无缝链接

　　　　非常不同意　｜　1　　2　　3　　4　　5　｜　非常同意

2.16 本企业能够利用互联网技术整合相关的组织运作（设计、研发、采购、营销等环节）

　　　　非常不同意　｜　1　　2　　3　　4　　5　｜　非常同意

2.17 本企业对互联网如何促进竞争优势有着清晰的认识

　　　　非常不同意　｜　1　　2　　3　　4　　5　｜　非常同意

2.18 本企业将业务战略规划与互联网规划结合在一起

　　　　非常不同意　｜　1　　2　　3　　4　　5　｜　非常同意

2.19 本企业的相关的职能部门理解互联网投资的价值

　　　　非常不同意　｜　1　　2　　3　　4　　5　｜　非常同意

2.20 本企业鼓励利用互联网进行企业革新和产品创新

　　　　非常不同意　｜　1　　2　　3　　4　　5　｜　非常同意

2.21 本企业的互联网规划过程是有效且灵活的

　　　　非常不同意　｜　1　　2　　3　　4　　5　｜　非常同意

2.22　本企业能够不断跟上新的互联网创新

非常不同意 ｜ 1　2　3　4　5 ｜ 非常同意

2.23　本企业经常创新性的使用一些新的互联网技术

非常不同意 ｜ 1　2　3　4　5 ｜ 非常同意

2.24　本企业不停地寻找新方法以提升互联网使用的有效性

非常不同意 ｜ 1　2　3　4　5 ｜ 非常同意

Ⅲ. 企业内部知识管理与能力

3.01　本企业创造了新的经营方法

非常不同意 ｜ 1　2　3　4　5 ｜ 非常同意

3.02　本企业发展了先前没有的产品开发技术

非常不同意 ｜ 1　2　3　4　5 ｜ 非常同意

3.03　本企业实施了先进的管理理念和营销观念

非常不同意 ｜ 1　2　3　4　5 ｜ 非常同意

3.04　本企业经常调查顾客对于产品或服务的潜在需求

非常不同意 ｜ 1　2　3　4　5 ｜ 非常同意

3.05　本企业经常获取关于竞争者的市场信息

非常不同意 ｜ 1　2　3　4　5 ｜ 非常同意

3.06　本企业经常学习其他企业的成功实践

非常不同意 ｜ 1　2　3　4　5 ｜ 非常同意

3.07　本企业经常从外部机构获取新的管理技能

非常不同意 ｜ 1　2　3　4　5 ｜ 非常同意

3.08　本企业经常收集有关技术发展趋势的信息

非常不同意 ｜ 1　2　3　4　5 ｜ 非常同意

3.09　本企业内外部信息和知识交流与共享程度高

非常不同意 ｜ 1　2　3　4　5 ｜ 非常同意

3.10 本企业对知识的利用和对新技术的消化吸收的程度很强

非常不同意　|　1　2　3　4　5　|　非常同意

3.11 本企业接受和运用新知识的速度很快

非常不同意　|　1　2　3　4　5　|　非常同意

3.12 本企业能够吸收与整合从外部获取的知识

非常不同意　|　1　2　3　4　5　|　非常同意

3.13 本企业善于不断寻求新领域的市场/产品信息

非常不同意　|　1　2　3　4　5　|　非常同意

3.14 本企业善于对全新市场/产品知识的学习和掌握

非常不同意　|　1　2　3　4　5　|　非常同意

3.15 本企业善于探索能学习全新技能的知识/信息

非常不同意　|　1　2　3　4　5　|　非常同意

3.16 本企业善于搜索能学到全新技能的信息

非常不同意　|　1　2　3　4　5　|　非常同意

3.17 本企业善于对已有知识进行精练和挖掘

非常不同意　|　1　2　3　4　5　|　非常同意

3.18 本企业善于在当前从事的领域搜寻市场/产品信息

非常不同意　|　1　2　3　4　5　|　非常同意

3.19 本企业善于积累能有效解决当前市场/产品问题的方法

非常不同意　|　1　2　3　4　5　|　非常同意

3.20 本企业善于不断寻求新领域的市场/产品信息

非常不同意　|　1　2　3　4　5　|　非常同意

3.21 本企业的管理层认为学习能力是企业竞争优势的关键

非常不同意　|　1　2　3　4　5　|　非常同意

3.22　本企业的基本价值观之一是学习是公司进步的关键

　　　非常不同意 | 1　　2　　3　　4　　5 | 非常同意

3.23　新颖的想法在组织内得到重视

　　　非常不同意 | 1　　2　　3　　4　　5 | 非常同意

3.24　本企业所有员工都致力于组织目标的实现

　　　非常不同意 | 1　　2　　3　　4　　5 | 非常同意

3.25　本企业上下有着共同的目标

　　　非常不同意 | 1　　2　　3　　4　　5 | 非常同意

3.26　本企业能够从外部环境的变化中识别出发展机会

　　　非常不同意 | 1　　2　　3　　4　　5 | 非常同意

3.27　本企业尝试不断地改造或者重组来更好地满足市场需求

　　　非常不同意 | 1　　2　　3　　4　　5 | 非常同意

3.28　本企业努力尝试通过改进技术来创造新的技术标准

　　　非常不同意 | 1　　2　　3　　4　　5 | 非常同意

3.29　本企业通常能够抓住环境变化带来的机遇

　　　非常不同意 | 1　　2　　3　　4　　5 | 非常同意

3.30　本企业在提出创新战略时总会考虑一系列的备选方案

　　　非常不同意 | 1　　2　　3　　4　　5 | 非常同意

3.31　本企业可以迅速调整生产或服务水平以支持市场波动的需求

　　　非常不同意 | 1　　2　　3　　4　　5 | 非常同意

3.32　本企业总是根据环境变化不断调整战略

　　　非常不同意 | 1　　2　　3　　4　　5 | 非常同意

3.33　本企业定期召开会议，向所有员工通报公司的最新创新情况

　　　非常不同意 | 1　　2　　3　　4　　5 | 非常同意

3.34 本企业拥有正式的机制，让员工分享不同领域活动的实践经验

非常不同意 | 1　2　3　4　5 | 非常同意

3.35 本企业使那些需要的人能够获得知识

非常不同意 | 1　2　3　4　5 | 非常同意

3.36 本企业有正式的利用知识开发新产品/服务的过程

非常不同意 | 1　2　3　4　5 | 非常同意

3.37 本企业能够将专利和技术秘密有效地转化为产品或服务

非常不同意 | 1　2　3　4　5 | 非常同意

3.38 本企业创新产品的成功率高

非常不同意 | 1　2　3　4　5 | 非常同意

3.39 过去 5 年，本企业的新产品投放量增加了

非常不同意 | 1　2　3　4　5 | 非常同意

3.40 本企业经常比同行更早推出新产品和服务

非常不同意 | 1　2　3　4　5 | 非常同意

Ⅳ. 企业所处环境情况

4.01 在本行业，产品或服务的技术变化非常快

非常不同意 | 1　2　3　4　5 | 非常同意

4.02 在过去一年，我们的市场变化很大

非常不同意 | 1　2　3　4　5 | 非常同意

4.03 我们的顾客经常要求新的产品或服务

非常不同意 | 1　2　3　4　5 | 非常同意

4.04 本企业与上游供应商通过信息技术联系频率高

非常不同意 | 1　2　3　4　5 | 非常同意

4.05　本企业产品和服务环节信息技术使用频率高

非常不同意　｜　1　　2　　3　　4　　5　｜　非常同意

4.06　本企业市场和销售环节信息技术使用频率高

非常不同意　｜　1　　2　　3　　4　　5　｜　非常同意

本问卷到此结束，再次感谢您的支持！

祝您事业顺利！生活愉快！